EDUCAÇÃO: COMO VIVE A FAMÍLIA HOJE

Coleção **QUEM AMA, EDUCA!**

IÇAMI TIBA

EDUCAÇÃO: COMO VIVE A FAMÍLIA HOJE

Principis

Esta é uma publicação Principis, selo exclusivo da Ciranda Cultural
© 2023 Ciranda Cultural Editora e Distribuidora Ltda.

Texto
© Içami Tiba

Edição original
André Luiz Martins Tiba
Natércia Martins Tiba Machado
Luciana Martins Tiba

Preparação de texto original
Márcia Lígia Guidin

Editora
Michele de Souza Barbosa

Produção editorial
Ciranda Cultural

Preparação
Walter Sagardoy

Revisão
Maria Luísa M. Gan

Diagramação
Linea Editora

Design de capa
Ana Dobón

Dados Internacionais de Catalogação na Publicação (CIP) de acordo com ISBD

T552e	Tiba, Içami.
	Educação: como vive a família hoje / Içami Tiba. - Jandira, SP : Principis, 2023.
	96 p. ; 15,50cm x 22,60cm. - (Quem ama, educa!).
	ISBN: 978-65-5097-079-6
	1. Educação familiar. 2. Educação emocional. 3. Filhos. 4. Psicologia. I. Título. II. Série.
2023-1299	CDD 370.158
	CDU 37.015

Elaborado por Lucio Feitosa - CRB-8/8803

Índice para catálogo sistemático:
1. Educação familiar 370.158
2. Educação familiar 37.015

1ª edição em 2023
www.cirandacultural.com.br
Todos os direitos reservados.
Nenhuma parte desta publicação pode ser reproduzida, arquivada em sistema de busca ou transmitida por qualquer meio, seja ele eletrônico, fotocópia, gravação ou outros, sem prévia autorização do detentor dos direitos, e não pode circular encadernada ou encapada de maneira distinta daquela em que foi publicada, ou sem que as mesmas condições sejam impostas aos compradores subsequentes.

Sumário

Grata apresentação de Natércia Tiba aos leitores 11

Agradecimentos..13

Introdução 15

Educação: como vive a família hoje? 17

    Capítulo 1 Evolução da mulher e de sua maternidade 21

    Capítulo 2 Mãe & pai: duas faces da mesma moeda 37

    Capítulo 3 A educação do "sim" 53

    Capítulo 4 Três estilos de agir 61

    Capítulo 5 Ser feliz 67

    Capítulo 6 Gente gosta de gente..73

Bibliografia 85

Glossário remissivo 87

Sobre Natércia Tiba 89

Sobre Içami Tiba..91

Este livro é dedicado
a Haim Grünspun.

In memoriam.

Felicidade*

Os pais podem dar alegria e satisfação a um filho,
    mas não há como lhe dar felicidade.
Os pais podem aliviar sofrimentos enchendo-o de presentes,
    mas não há como lhe comprar felicidade.
Os pais podem ser muito bem-sucedidos e felizes,
    mas não há como lhe emprestar felicidade.

Mas os pais podem aos filhos
    Dar muito amor, carinho, respeito,
        Ensinar tolerância, solidariedade e cidadania,
            Exigir reciprocidade, disciplina e religiosidade,
                Reforçar a ética e a preservação da Terra.

    Pois é de tudo isso que se compõe a autoestima.
    É sobre a autoestima que repousa a alma,
    E é nessa paz que reside a felicidade.

Içami Tiba

* A tradução deste ideograma é "Longa Vida" e "Felicidade".

Grata apresentação de Natércia Tiba aos leitores

A presento Natércia como coautora deste livro. Ela insiste em ser apenas colaboradora. Mas é coautora, pois Natércia introduziu preciosos temas sobre os quais eu não teria condições teórico-prático-vivenciais de escrever. Mesmo que ela ache que sua participação tenha sido pequena, é pura modéstia, pois o que produziu tem uma qualidade ímpar que compensa qualquer quantidade.

Esta é, porém, uma saudável dialética que não terminaria nunca, pois se dá entre duas pessoas que se conhecem muito bem... É um relacionamento de mútuo respeito, admiração, carinho e reconhecimento do valor pessoal, familiar e profissional.

Então, que assim seja: Natércia participa como colaboradora... Para mim, ela continua coautora. Com excelente base escolar, ela se graduou psicóloga com especialização em psicodrama, sob os caprichados e competentes olhares de verdadeiros mestres, além das profundas incursões teóricas em várias fontes, e se lançou nos campos terapêuticos para ajudar seus pacientes (casais grávidos, crianças/adolescentes e respectivos pais) a superar barreiras, resolver conflitos, ampliar a vida para o mundo do qual fazem parte e integrar-se com as pessoas que lhes são caras.

Como uma especialidade dentro de outra, Natércia focalizou seus interesses em gestantes (marido e mulher), formando grupos de orientação e preparo para a futura pater/maternidade, sem se descuidar e continuar aprendendo com as próprias crianças. Nessas áreas sua contribuição foi fundamental para este livro. Ela deveria assinar textos de vários capítulos e acréscimos importantes, com tantas contribuições valiosas que seria praticamente impossível destacá-las.

Como pessoa, participei ativamente do seu crescimento, com alegrias e satisfações, pois chateações praticamente não existiram. Parece-me incrível que aquela criancinha que nascera do meu amor pela mãe dela – minha amada Maria Natércia – crescesse, amadurecesse, casasse com um genro maravilhoso e nos desse dois supernetos inteligentes, charmosos, amorosos, já tão seguros de si que desmontam qualquer avô, principalmente um babão como eu. Estes netos têm-me ensinado muito, ao me permitirem repassar as aulas mal aproveitadas com meus próprios filhos...

Hoje Natércia, especializada em Terapia de Família, participa (sem eu saber) de entrevistas, de programas de televisão, chats na internet, e recebo os cumprimentos dos meus amigos e conhecidos pela brilhante colega de trabalho que eu tenho – ela –, que lê muito, indica livros para eu ler, acrescenta sua visão ao meu trabalho e me atualiza sobre as novidades que está aprendendo. Aprecio muitíssimo a sábia humildade de poder aprender sempre. Tanto a minha como a dela. Sua participação nesta obra cresceu bastante, enriquecendo-a significativamente.

Eu gostaria muito que o sentimento de gratidão tivesse palavras próprias que expressassem tudo o que sinto por Natércia Martins Tiba Machado, mas aqui lhe vai, do fundo do meu coração, o meu muitíssimo obrigado, minha filha! Carinhoso beijo a você, ao meu querido genro Maurício e aos meus amados netos, Eduardo e Ricardo.

Agradecimentos

Agradeço ao meu falecido avô, Rinnosuke Chiba, que emigrou do Japão para o Brasil em 1936, somente após ter quitado – com pesado trabalho na lavoura – a dívida deixada por seu próprio pai e continuou lúcido, com autoridade sobre os filhos, noras e netos até seu falecimento. Agradeço, porque ele me fez sentir único entre tantos netos e ensinou-me que, mesmo em tempos mais difíceis, lá estavam as carpas para nos distrair.

Agradeço à minha falecida mãe, Kikue – minha maior torcida silenciosa – e sua crença no meu desejo quando, aos 6 anos de idade, antes de ir à Escola em Tapiraí, eu disse a ela que queria ser médico. Agradeço-a porque me aconselhou: "Então, você tem que estudar muito!". Foi o que eu fiz e faço até hoje.

Agradeço ao meu falecido pai, Yuki, que ainda criança me pedia para falar em "brasileiro" com ele, mesmo que ele falasse em japonês comigo, só para aprender o idioma aqui falado. Agradeço pelo seu exemplo de trabalho, responsabilidade familiar e social, que nortearam a minha vida; agradeço-lhe, porque se tornou monge budista já na meia-idade.

Agradeço a meus filhos, André Luiz, Natércia e Luciana, agora acrescidos do meu genro Maurício e netos Eduardo e Ricardo, todos muito amados. São uma torcida barulhenta, que me elevou à condição de pai, sogro e avô, me retroalimentam e me permitem continuar acreditando que tudo o que faço para ajudá-los a construírem suas próprias vidas vale a pena, pois cada um deles – cada qual à sua maneira – é bem-sucedido no que faz.

Agradeço a meus professores que conseguiram ser inesquecíveis. Eles me fizeram sentir que os ensinamentos eram dirigidos especialmente a mim, me transmitiram o poder do conhecimento, do comprometimento, da confiabilidade, da civilidade, dos bons resultados, do bom humor, do aprender sempre e do ensinar sempre que possível, não importa onde, como ou quando.

Agradeço à minha amada esposa, Maria Natércia, minha companheira e parceira que permanece comigo depois que todos se foram para as suas próprias vidas; que me vislumbrou além dos meus sonhos, desejos, projetos e realizações; que neles acreditou e juntos construímos o que ambos somos. Mais que cara-metade, ela é minha cara-inteira, pois sua alma está plenamente presente na minha vida, em tudo o que fiz e faço; sei que posso contar com ela para continuar fazendo muito mais.

Introdução

Este livro é um diagnóstico de como estamos hoje, primeira década do século XXI, e de como podemos melhorar para que nossos filhos se tornem pessoas-cidadãs, éticas, felizes, autônomas e competentes, ao receber uma educação integrada. Tal educação baseia-se na Teoria Integração Relacional, criada por nós, autores. Essa teoria tem como aspecto diferencial incluir na saúde mental disciplina, gratidão, religiosidade, cidadania e ética.

Reescrever, cortar, ampliar e rediscutir seus critérios e exemplos foi um trabalho necessário para que "Quem ama, educa!" continue chegando às famílias com novos estímulos à educação dos filhos e de alunos. Ou seja, faziam-se necessárias outras reflexões educacionais, exigidas dentro de nossa sociedade contemporânea globalizada.

Nesta obra fazemos uma leitura do nosso cotidiano, evidenciando as diferenças entre ser mãe e ser pai, enfatizando as diferenças entre ser mulher e ser homem. Afinal, qualquer que seja a estrutura familiar, é de capital importância que os pais se atualizem e se preparem para ser educadores que colocam a educação dos filhos como prioridade.

Na história da humanidade, nunca houve tantas mudanças evolutivas para a mulher, por exemplo, como nestes últimos cinquenta anos. Desde a feminista, passando pela "dondoca" e pela *working-mother*, para chegar à mãe maternal e à polivalente, as famílias passaram por mudanças que influíram bastante na educação dos filhos. A mãe contemporânea tenta compensar a culpa da ausência exagerando nos cuidados com os filhos, enquanto o pai acaba se omitindo. As consequências dessa educação permissiva encontram-se no capítulo 2, que aborda os "parafusos de geleia", filhos que se desfazem sob qualquer aperto da vida. As garotas também estão dando muito trabalho.

"Felicidade não depende do que nos falta, mas do bom uso que fazemos do que temos", afirmou Thomas Hardy, o grande escritor inglês. Todos os pais querem que seus filhos sejam felizes. Porém, felicidade não se dá, muito menos se compra. Temos de aprender a ser felizes. Por isso, dada a importância da autoestima como base fundamental para a felicidade, falamos sobre ela em vários capítulos do livro. A felicidade e seus vários níveis mereceram, porém, um capítulo especial, o 5.

Quem grita perde a razão e quem perde a razão se torna um animal. Para melhor compreensão dos comportamentos humanos, pode-se ler no capítulo 4, nossa classificação dos comportamentos em três estilos: vegetal, animal e humano. A religiosidade (gente gostar de gente) é a força do amor, que, por sua vez, deveria ser maior que a da religião. Fanáticos podem matar e destruir em nome de seu Deus; entretanto, em qualquer lugar deste planeta o amor sempre constrói, não importa se infante, adolescente, adulto, senescente ou senil.

A educação é um grande catalisador na absorção da cultura, nem tanto o inverso. É por tudo isso que o velho dito popular "Quem ama cuida!" tem de ser aposentado, para dar lugar ao novo: QUEM AMA, EDUCA!

Educação: como vive a família hoje?

• • •

    O que escrevo agora é uma missão impossível – tal como fazer parar o tempo. Um mesmo acontecimento pode ser recebido de diferentes maneiras conforme a história de vida das pessoas. Muitas vezes, a realidade passa a ter menor valor do que a maneira como as pessoas a receberam. Mesmo assim, ouso escrever algo que possa envolver avós, pais, filhos e netos, homens e mulheres – para expor a ideia da evolução contínua e inexorável que todos nós vivemos. Dentro desta missão impossível, agrupo características que podem ser encontradas em outros grupos, até com maior intensidade, com a finalidade não de estabelecer o que é certo e errado, mas o que pode ser mais adequado na educação dos filhos.

    Uma pessoa pode não ser dondoca, mas conheceu alguma outra que fosse. Outra, uma mulher feminista, enquanto sua amiga já é uma alfa atualizada. Os filhos delas todas podem conviver em uma mesma escola. Um casamento machista com filhos pode se desfazer, e os respectivos novos companheiros, já com filhos ou não, podem ser feministas, "dondocos", "crescidões", metrossexuais e até *workaholics*; ...e os filhos índigos, *nerds*, informáticos, normais, hiperativos e canabistas convivem entre si. Mas lidar com todos eles de maneira idêntica é erro educativo.

    Aprender *com o passado para melhorar o futuro dos nossos filhos* é o meu objetivo para construir uma sociedade mais ética e feliz, todos vivendo plenamente a sua cidadania, com seus direitos e deveres.

• • •

Capítulo 1

Evolução da mulher e de sua maternidade

A evolução da mulher mãe nestes últimos 50 anos e suas consequências para o marido e para a educação dos filhos.

O uso da pílula anticoncepcional, que começou nos anos 1960, está completando 50 anos. Com a pílula, a mulher adquiriu o controle da sexualidade e da natalidade. Esse passo gigantesco na história do machismo é uma das pequeninas modificações que compõem uma prodigiosa evolução da humanidade jamais vista, como afirma Luiz Marins em seu livro *Homo Habilis* (Gente, 2005):

> Desde o *Australopitecus*, primata da família dos hominídeos, passaram-se três milhões de anos. Mas, se esses três milhões de anos fossem condensados em apenas um ano, as mudanças radicais que temos experimentado na ciência e tecnologia teriam ocorrido somente nos últimos 15 segundos.

Acrescento a essas ideias as mudanças de costumes, novos desenhos e relacionamentos nas famílias, preocupações e ações para a preservação da Terra, gerações que duram poucos anos, os computadores e os celulares que se tornaram imprescindíveis à vida pós-moderna.

Com tantas e tamanhas mudanças, a educação se torna mais difícil, dificultando também a visão do futuro dos filhos.

Quem tem filhos com 10 anos de diferença entre um e outro já viu o mais novo perguntar ao mais velho se "no tempo dele..." já havia... A frase aponta para a certeza de que o irmão caçula já vive um tempo diferente, a ponto de fazer a mesma pergunta que há algumas décadas um neto perguntava ao avô.

Assim, o que valia na educação dos pais tem que ser atualizado para a dos filhos. Não se consertam programas de computador com prego e martelo, como não se prende mais o filho no quarto de castigo, tampouco os pais podem responder "porque é assim e pronto!" ou mesmo "porque eu quero e chega" e muito menos "porque quem manda aqui sou eu!".

Mais que os homens, entretanto, as mulheres passaram por mudanças radicais nos seus comportamentos, influenciando bastante a educação dos filhos. Chamo a atenção para os mais recentes movimentos destes últimos 50 anos, que considero básicos para compreendermos as crianças de hoje.

Mulher feminista

Foi a mulher que arregaçou as mangas e se lançou à vida e à profissão, batalhando em igualdade de condições com o homem. Essas mulheres eram duronas, agressivas e por vezes masculinas em busca da independência e de um lugar ao sol. Algumas delas ocuparam cargos antes nunca exercidos por mulheres. Uma das suas precursoras foi Simone de Beauvoir, que no seu livro *O segundo sexo*, em 1949, dizia: "Não se nasce mulher. Torna-se". Ouso dizer que o machismo tornou feminista a mulher. A mulher feminista é a versão do machismo na mulher.

Mãe feminista

Esta mãe mudou o rumo da história da educação. Se poucas foram as mulheres que brilharam em suas carreiras, comparadas ao brilho dos homens, a maioria delas fez valer dentro de casa a valorização das mulheres. Suas filhas estudaram e usaram seus diplomas para invadir o mercado de trabalho, antes ocupado principalmente por homens. A educação dos meninos não sofreu modificações significativas para o trabalho, mas alterou profundamente a visão e valorização da mulher (mãe, irmã, namorada, amiga, colega).

Marido da feminista

Alguns optaram por trocar de lugar com a mulher, permanecendo como o "rei do lar", outros "secretários executivos" de suas esposas feministas. Atrás de uma grande mulher tem um grande homem, pode-se dizer – e outros ainda se acomodaram como se fossem filhos "crescidões". Grande parte dos maridos de mulheres feministas, porém, não largou seu trabalho nem cuidou dos filhos; entrou numa íntima competição com as esposas. Eles continuaram funcionando como machos alfa[1] (no conceito de Charles Darwin) no trabalho e também em casa. Aliás, os machos alfa, em geral, não são bons educadores, apesar de serem excelentes chefes.

Filhos da feminista

São poucos esses filhos, vivendo a ausência de suas mães, por causa de suas carreiras profissionais, ao contrário dos filhos de pais machistas, que eram

---

[1] Macho alfa é o macho dominante em um grupo de animais: é o mais forte, que impõe a sua vontade, come a melhor parte da presa antes dos outros, tem as melhores fêmeas. Mantém o seu poder enquanto for o mais forte, mas será imediatamente deposto e expulso do grupo se for vencido por outro macho, que então toma o seu lugar.

mais numerosos e tinham o machismo reforçado em casa pela própria mãe – através do infalível controle dos filhos, com a conhecida ameaça: "Você vai ver quando seu pai chegar!".

Mulher dondoca

Pode ser a filha da mulher feminista. Dondoca, segundo os dicionários, é a mulher de boa situação social, ociosa e fútil. É uma franca reação à mulher feminista. A dondoca, mesmo diplomada em curso superior, quer mais é ser sustentada pelo marido que tenha também condições de arcar com as suas compras, babás e cuidados pessoais – manicure, cabeleireira, motorista, empregada, academia, cirurgias plásticas. Mas não quer ser tachada de "perua", que, segundo os dicionários, é a "mulher de aparência e comportamento exagerados".

Mãe dondoca e a *working-mother* (mulher que trabalha)

Algumas mulheres exageraram na dondoquice, mas outras, mesmo cuidando tão bem de si mesmas, dedicaram-se também aos filhos. Essa etapa de divisão equânime de funções não durou muito tempo, pois a grande maioria delas preferia trabalhar em algo que não prejudicasse a educação dos filhos. O pai passou a ser mais provedor que educador, era tarefa da mãe escolher escola, viagens etc. Criou-se uma divisão de tarefas na qual o provedor era o homem, e a administradora do lar era a mulher. Homens entregavam o que ganhavam para a mulher administrar. E esta não era tão dondoca assim. O que era motivo de orgulho para umas, para outras poderia ser pejorativo.

• • •

Quando as dificuldades econômicas começaram a apertar na vida familiar, as mulheres lançaram-se mais abertamente ao trabalho, tornando necessária a presença de babás. Mesmo que o marido dissesse que o que a esposa ganhasse "seria para seus objetos e cuidados pessoais", ela sabia o quanto essa complementação salarial já era importante. Assim, as mães começaram a viver uma situação no mínimo esquisita: coitada da mãe que se matava de trabalhar; por outro lado era desvalorizada a mulher que não trabalhava: significava que a mulher "não fazia nada".

Os filhos já viviam a era da televisão e dos joguinhos eletrônicos e iam para a escola com 2 ou 3 anos de idade. Os que podiam, eram criados como "príncipes". Apesar de a dondoquice ser muito conhecida, a maioria silenciosa das mães dessa época começou a trabalhar por necessidades financeiras, pois o mercado de trabalho entrava em crise. Tais *working-mothers* formaram uma força importante de trabalho no mercado.

Marido da dondoca

Arranhava a figura masculina ser "dondoco", mas notava-se uma ponta de orgulho em quem tinha mulher dondoca. Media-se o valor do homem pelas joias, ou carros, ou roupas da moda, ambientes, clubes e restaurantes que sua mulher dondoca usava. Esse homem vivia para o trabalho e não via os filhos crescerem. Tinha poucos assuntos a conversar com eles, mas cobrava desempenho escolar, respeito para com a mulher dele, mãe dos seus filhos.

Filhos da dondoca e da *working-mother*

Estes tiveram vários tipos de babá: professores de aulas particulares, motoristas, funcionárias, atividades esportivas (natação, tênis etc.), acantonamentos com colegas, vida em condomínios, televisão e joguinhos eletrônicos. Procuravam ficar mais com amigos e colegas do que em casa. Estudar para quê? Trabalhar como o pai? O que eles mais queriam era ser felizes (em oposição ao pai, que não sabia se divertir, não tirava férias). Arrastaram para a própria vida a posição passiva de ficar na frente da televisão. A maior ambição era ter uma pousada na praia.

Os pais ficavam muito distantes do cotidiano dos filhos e, quando estavam próximos, satisfaziam todas as suas vontades. Assim, a realidade dos filhos ficou muito longe do cotidiano que os pais conheciam. Quanto maior a distância, maiores problemas poderiam estar ocultos. Num exemplo contundente, é o caso do uso da maconha[2]. (Quando os pais descobrem que o filho está usando maconha, eles entram em desespero. Entretanto, a maconha geralmente é a *quarta* droga que o filho está usando. Já cheirou inalantes, bebeu e fumou. Entretanto, tudo isso ocorria, e os pais, distantes, nada percebiam; ou, se percebiam, relevavam...)

Esses pais pouco ou nada sabem do que os seus amados filhos aprontam nas ruas.

Mulher feminina

Ela nasceu com as conquistas do feminismo, do aprendizado com as dondocas, e hoje tem independência econômica, autonomia de comportamento e é suficientemente resolvida para admitir que gosta dos homens, mesmo não dependendo deles. Significa que ela não se submete ao machismo. Pode e procura ser admirada pela beleza, sem se achar fútil. Larga um companheiro se não o ama e não se perde quando está sem companheiro. Ou seja, admite que ama o homem, mas sobrevive mesmo sem ele.

Machismo é um papo que já era. Ela é a líder da sua própria vida. Filha e neta da mulher feminista e da mulher dondoca, tem segurança e autossuficiência sem precedentes, enfrentando tudo com elevado grau de competitividade, tanto na vida acadêmica quanto na profissional, sem perder a vaidade ao se produzir, investindo em saúde sem temor de ser tachada de fútil. Sua liderança, ambição e visão, em todas as direções, são também alimentadas pelos hormônios

---

[2] Para saber mais, ler *Juventude & Drogas: Anjos Caídos*, de Içami Tiba. São Paulo: Integrare, 2007 (N.E.).

femininos, com um pequenino e fisiológico grau de hormônio masculino, não suficiente para "provocar guerras", mas, sim, para reagir veementemente contra injustiças e ataques de terceiros. Isto é, a mulher está adquirindo as características do macho alfa sem o despotismo e a violência testosterônica. A mulher de hoje seria a alfa evoluída, pois chamá-la simplesmente de mulher alfa seria colocar nela as características do macho alfa.

Entretanto, uma questão básica é a tomada de decisão entre investir na carreira profissional ou na maternidade. Umas querem se realizar na profissão antes de ser mãe – e a ciência está ajudando a maternidade tardia. Outras querem lançar-se profissionalmente após os filhos crescerem – a ciência tem ajudado as mães a não serem matronas.

Mãe feminina

É na maternidade que a mãe feminina se perde. Parece que o instinto materno é mais forte que ela mesma. Por um filho, ela faz o que não faria por ninguém, nem por ela mesma. Talvez um recém-nascido precisasse de uma mãe assim mesmo. Mas ela erra quando, por amor, passa a poupá-lo de esforços necessários para o crescimento dele próprio e faz por ele o que ele mesmo deveria fazer. Assim o filho não constrói uma autoestima saudável. Quanto mais o filho se desenvolver, melhor será para ele mesmo, seus pais, sua família, para a sociedade e para o planeta Terra.

A mãe, mesmo sendo feminina, perdoa e não cobra a consequência das ações de um filho pequeno, autorizando-o a fazer o que tem vontade e não o que deve ser feito. Não é amor demasiado. É falta de conhecimento dos atuais padrões elementares de uma boa educação, da formação de um cidadão. Perdoar é para castigos. Hoje os castigos não educam. O que educa são as consequências – transformar erros em aprendizados através de ações diretamente relacionadas aos erros.

O principal "veneno" da educação dos filhos é a culpa. Culpa de trabalhar fora, quando pensa que devia estar com os filhos. Culpa de estar com os filhos, quando acha que devia estar trabalhando. Essa mulher ainda se responsabiliza pelo que o filho faz na sua ausência, com a clássica pergunta "onde foi que errei?".

Mesmo tendo a mulher evoluído bastante nas últimas décadas, como mãe ela evoluiu muito pouco. Em certos aspectos, ela continua como a jurássica mãe a defender os filhos contra as onças, ferozes devoradoras de criancinhas suculentas. Mas essa lentidão se deve também ao papel de pai, que continua muito primitivo quando é simplesmente um provedor.

Como trabalham fora e ficaram mais independentes (financeira e afetivamente) do homem, algumas mulheres exageraram em "produções independentes". Criam seus filhos dispensando a presença do pai deles – que serviu somente para fecundá-las.

Há outros filhos que ficam sem pai, pois este virou "ex-pai", foi embora, e é a mãe que os cria sozinha, não abre mão de tê-los consigo. Um dos maiores acertos educacionais é a mãe não pretender ser "pãe" – mãe querendo suprir também o papel do pai que está ausente. Pois um filho cresce mais saudável com mãe no lugar de mãe, sabendo que, às vezes, o pai virou ex-pai. Esta verdade dói, mas em tempo certo o filho poderá saber que seu pai não assumiu a família.

Marido da feminina

O homem tem se esforçado e vem se adequando aos poucos para poder se dar bem com a mulher (esposa, namorada, amante, companheira). Mas são mudanças periféricas que ainda não atingem suas características fundamentais. Basta descuidar um pouco que logo lhe brotam as características machistas jurássicas. Basta também se interessar por outra mulher, e lá vai ele procurando adequar-se para tornar-se atraente para ela. Aliás, essa tentativa de adequação põe abaixo o homem que quer se impor somente pelo "seu jeito de ser".

Alguns homens evoluíram bastante e já receberam um batismo: metrossexual (homem da metrópole), o homem que cuida do seu corpo, da sua aparência, de suas roupas, usa cosméticos, faz depilações e cirurgias plásticas para se embelezar sem que tudo isso fira sua masculinidade. Respeita a existência e pontos de vista da mulher, ajudando-a no que lhe é possível, desde ir para a cozinha até reuniões escolares dos filhos, passa a trocar fraldas e fica acordado à noite sem se sentir afeminado. Em geral é bom pai e procura ajudar bastante sua esposa a cuidar das crianças, mesmo que não sejam seus próprios filhos.

Outros homens não evoluíram tanto assim, a ponto de serem metrossexuais, mas estão dando tímidos passos para distanciar-se do clássico machismo. Pois a mulher feminina aceita mais o homem como ele é, desde que não seja machista, agressivo, desrespeitoso, mal-educado; nem tanto trabalhador, nem tanto explorador – prefere que ele seja sincero, carinhoso, afetivo, sensível, forte o suficiente para mostrar suas fraquezas, que decida com ela o futuro dos filhos, os projetos de vida, onde passar as férias, que carro comprar, onde morar.

A mãe feminina quer dividir com o seu marido a educação dos filhos, as contas a pagar, "discutir a relação". Já não aceita mais ser submetida ao homem pelo simples fato de ele ser provedor. Essa mãe tirou o pesado fardo imposto ao marido pela mulher dondoca.

Filhos da feminina

Assim como a mulher feminina quis "discutir a relação com o companheiro", sem querer ser autoritária nem dondoca como suas antecessoras, a mãe feminina quis fazer o mesmo também com os seus filhos. Talvez aqui esteja a maior complicação na qual ela se meteu, pois os filhos saíram realmente às avessas do que ela pretendia.

Criancinhas não podem ter a mesma força que seus educadores. Porém, as mães femininas não quiseram impor nem o que era necessário: limites, respeito, obediência, dever, dando autoridade através de permissividade às vontades dos filhos. Ou seja, as crianças começaram a exigir que as mães satisfizessem suas vontades, adequadas ou não. Para tanto, usavam qualquer argumento, valendo-se até das próprias incongruências das suas mães. Alguns pais também começaram a agir como mães femininas e, com isso, perderam também sua autoridade inerente ao papel de educador. O exemplo clássico dessa situação é quando uma criança se nega a fazer o seu dever, e sua mãe – no lugar de estabelecer que suas vontades têm limites e que dever se esclarece e não se discute – passa a "discutir a relação". A melhor maneira de perder a autoridade de educador é perguntar ao filho se ele quer ou não cumprir o seu dever.

Acredito que não esteja longe o dia em que a mulher será também mais natural como mãe. Pois, como feminina, a mulher está "progredindo" a passos gigantescos.

Se até 1975, de cada 100 mulheres, 25 trabalhavam, em 2002 já eram 50, tendo aumentado portanto 100%. Também passaram a ganhar mais. Em comparação com o que era pago para o homem, para a mulher se pagavam somente 55% do salário pago ao homem em 1981. A partir de 2002, dados do IBGE mostram que ela passou a receber 70%. A diferença salarial continua diminuindo, e o número de mulheres trabalhando fora continua aumentando[3].

Mulher mãe *versus working-mother*

Mulher mãe é a atualizada, que, mesmo tendo condições e capacitação para o trabalho, opta por se dedicar a ser mãe *full time*, em detrimento de sua carreira profissional, numa época em que controla cada vez mais o dinheiro da casa, quando 50% delas têm cartões de crédito e representam 44% da população economicamente ativa, segundo a Organização Internacional do Trabalho. Aliás, segundo estudo do Fórum Econômico Mundial realizado em 2006, quanto maior a participação da mulher na vida econômica, mesmo sem trabalhar fora, mais desenvolvido é o país. Insisto nisso para mostrar o quanto está difícil para a mulher escolher não ser uma *working-mother* nos dias de hoje, quando 51% das trabalhadoras são também mães.

---

[3] Ao longo deste livro vou abordar diferentes tipos de educação que diferentes mães usam, conforme suas próprias possibilidades e conhecimentos. Se existem filhos folgados é porque os pais deixaram-se sufocar. Se existem filhos birrentos é porque os pais, talvez sem perceber, reforçam a birra. Nada existe por si só. A família é uma rede de relacionamentos na qual o que um faz reflete diretamente no outro e indiretamente sacode um terceiro enquanto reprime um quarto integrante. De uma certa maneira, todos estão ligados entre si.

Mãe maternal

Tenho observado que não é o tempo de permanência da mãe com o filho que o educa, mas é o seu preparo como educadora que conta. Sem dúvida, a presença da mãe é muito importante na formação do filho. Porém, observo muitas crianças e adolescentes que têm suas mães à disposição e são mal--educados. A educação hoje é um projeto racional, mesmo que regado a muito amor: mesmo porque é preciso muito amor para não desistir de educar.

Marido da mulher maternal

Já não pode mais ser um marido machista, apesar de ser ainda o provedor absoluto. Mas não é porque ele trabalha que é dono do salário. Seus ganhos vão para a família e ele não pode gastar dinheiro como desejar, pois a esposa opina sobre as compras, geralmente tem carta de habilitação e dirige o segundo carro da família, com o qual "chofera" os filhos para a escola e outras atividades. Esse tipo de marido já reconhece a sua importância na educação dos filhos e vai também às reuniões escolares ou leva as crianças aos aniversários dos seus coleguinhas. É um homem que demonstra mais afeto, não tem vergonha de soltar suas lágrimas de emoção, gosta de ser pai, mesmo que tenha de trocar fraldas e não dormir enquanto seu filho não chegar das baladas. Prefere dialogar com a mãe dos seus filhos sobre a educação e o futuro destes a discutir a própria relação conjugal.

Filhos da mulher maternal

Infelizmente a maioria desses filhos está sendo criada sob paradigmas antigos, portanto essas crianças ainda não têm, interiorizadas, preocupações éticas nem atitudes cidadãs.

Por outro lado, algumas mães que conseguiram mudar estes paradigmas têm criado filhos mais felizes, responsáveis e respeitosos. Visível diferença de educação revelam essas crianças, quando as vemos nas escolas ou em outras atividades: não são tão tiranas e respeitam regras – sem perderem a alegria de viver nem as peraltices naturais a qualquer criança.

Suas mães, conscientes ou não, aplicam o princípio *quem ama, educa!*, que torna o mundo melhor e mais feliz, alimentando-nos de esperança de um futuro melhor. Ocorre que esses filhos, que "já nascem" com um celular na mão e um computador no bolso, estão num mundo totalmente diferente do de seus irmãos 10 anos mais velhos. Falar uma segunda língua já lhes é natural – muitos estão em escolas bilíngues –, como também lhes é natural ir à escola com 2 anos de idade.

Mais do que aprender estudando, essas crianças filhos querem aprender fazendo: por isso, os manuais para lidar com seus brinquedos simplesmente são ignorados, como dissemos, e eles constroem seus conhecimentos através de acertos e erros.

Ressalto nesses casos a importância de os pais estabelecerem claramente o que é certo e errado, antes de começarem a complicar e relativizar situações com a famosa frase "Depende...".

As crianças de hoje não têm medo de arriscar. São capazes de escolher um DVD, colocar no aparelho, ligá-lo e fazer passar na tela o seu capítulo preferido. Tudo isso com 2 ou 3 anos de idade, executando uma tarefa que seus avós, ou alguns dos seus pais, temem até de longe ter de executar...

Mulher Polivalente

Mulher polivalente é a mulher contemporânea, que é dona do seu nariz, estudada, competente, dirige o seu próprio carro, cuida-se na aparência e na saúde, toca negócio próprio, liberal ou corporativo, mora ou não sozinha conforme sua escolha, consegue divertir-se com ou sem companhia masculina, sozinha ou com amigas, ou sozinha no meio de ambientes masculinos e, ainda, se dá bem com a própria família.

Mãe Polivalente

Todas as mães sentem muito a responsabilidade da maternidade. Umas, mesmo com pesar, necessitam colocar o trabalho como prioridade. A mãe polivalente consegue ser mulher mãe nas horas em que está com os filhos (e os educa) e *working-mother* quando está no trabalho, mas com uma grande diferença. Leva trabalho para casa e leva os filhos para o trabalho. É esta sua estratégia: para não ficar tanto tempo distante dos filhos, leva para casa algumas tarefas do trabalho e, durante o trabalho, dá um jeito de falar com os pequenos pelo telefone, com os maiores pela internet ou pelo celular. Estas mães mais parecem irmãs mais velhas, não as antigas matronas, e não abrem mão da sua vida própria ou com o marido. São a típica mãe cheia de mãos, a mulher polvo[4]. Conheço uma mãe que, enquanto almoça um sanduíche, faz as unhas na manicure, fala com os filhos no telefone viva-voz e ainda folheia uma revista, protegendo o esmalte.

• • •

Apesar de a mãe polivalente ser uma evolução das demais, ela está ainda longe de se sentir bem e satisfeita consigo e com a vida que leva. É interessada, informada e extremamente crítica. Mas, muitas vezes, ainda se sente culpada por não estar mais presente na vida dos filhos, e também culpada como profissional, pois dificilmente está 100% focada e concentrada em seu trabalho. Por isso, costuma ter uma alta expectativa de apoio e colaboração do marido, nem sempre correspondida por este.

A mãe polivalente vive um desafio diário, como uma malabarista que precisa manter vários pratos no ar o tempo todo sem que nenhum caia no chão. Ela está cansada, mas ainda não está pronta para passar tarefas para outras pessoas. Ao mesmo tempo que quer essa colaboração, e cria toda uma estrutura

---

[4] Para saber mais sobre este tema, ler *Homem-Cobra, Mulher-Polvo*, de Içami Tiba. São Paulo: Gente, 2004 (N.E.).

para manter a rotina e o bom andamento familiar, não abre mão do controle que precisa ter de tudo – desde o conhecimento do que está em cada prateleira da despensa até a roupa que cada filho está usando durante o dia, se lanchou e quantas horas assistiu de televisão. Mesmo sabendo que esse é o preço que paga pela opção de ser uma mãe polivalente, aceita o desafio e procura viver cada dia da melhor maneira possível.

Marido da mulher polivalente

Geralmente é também um homem polivalente (mais que outros homens, mas menos que as mulheres). É cuidadoso com as crianças, troca fraldas, dá banho, substitui a mãe quando ela não pode ir às reuniões escolares, leva as crianças ao médico etc. Procura manter o romantismo conjugal, junta com a mulher as economias e a vida financeira é planejada também com ela. Não abre mão de ter o seu carro, pratica seu esporte ou frequenta academias regularmente.

Em geral orgulha-se do companheiro que é e demonstra admiração pela esposa, mas não raro apresenta certas recaídas patriarcais. É como se precisasse de "dias de folga" desse papel que exerce e que exige dele um grande esforço. Talvez não seja tão grande assim, mas, por ser um comportamento social novo, para o qual ele não teve modelos, pede a ele um esforço afetivo de descobrir-se enquanto pai, marido e "dono de casa". Não raro, esse marido comenta que "seu maior descanso é quando está no trabalho".

Filhos da mulher polivalente

São poucos, geralmente dois, há muitos filhos únicos; raramente essas mulheres têm três filhos. Como seus pais, também são bastante ocupados, vão para a escola com 2 a 3 anos de idade e têm muitas outras atividades no decorrer do dia. Ficam muito pouco nas ruas, mas correm soltos nos shoppings e lojas de brinquedos, apertam os botões e clicam tudo o que veem: perguntam, são espertos, questionam ordens e argumentam suas posições. Geralmente vão bem na escola e aceitam bem as ausências ou alternâncias entre pai e mãe nos cuidados das suas atividades e brincadeiras. São, enfim, bastante autônomos, e o segundo filho, quando há, quer acompanhar tudo o que o primeiro faz e tem um grande estímulo para se desenvolver mais rapidamente.

● ● ●

Educação racional sempre

Qualquer que seja a família, o projeto racional de educação é de formar um cidadão ético. Já não basta mais ser cidadão, precisa ser ético. E educar, como se sustenta ao longo deste livro, não é simplesmente fazer o que já se sabe, mas atualizar, quebrando VELHOS MODELOS equivocados, dos quais cito alguns:

- fazer pelo filho o que ele próprio pode fazer sozinho;
- deixar de cobrar obrigações que ele tem que cumprir;
- engolir contrariedades, respostas mal-educadas, desrespeito aos outros;
- permitir que o filho imponha suas inadequadas vontades a todos;
- concordar com tudo o que o filho faz e fala só para não contrariá-lo;
- acreditar que "o filho não mente" ou "ele nem sabe o que faz";
- deixar gastar o dinheiro do lanche em figurinhas;
- assumir as responsabilidades sobre o que o filho faz;
- repetir muitas vezes a mesma ordem;
- dar "tapas ou surras pedagógicas";
- ser conivente com suas delinquências;
- aceitar notas baixas, tarefas feitas de qualquer jeito e outros relaxos;
- terceirizar a educação dos filhos;
- ignorar o lixo que o filho jogou no chão etc.

Aproveito para contrapor aos equívocos da tradição, acima expostos, alguns dos *novos paradigmas* da educação que serão colocados ao longo deste livro com mais detalhes, mas valem, desde já, para os pais ficarem atentos a tais ações e condutas.

Novos paradigmas exigem:

- praticar o atendimento integral: parar, ouvir, ver, pensar e agir;
- respeitar os filhos como seres pensantes, sensíveis, criativos, alegres, brincalhões e essencialmente bons;
- ser pai e mãe coerentes, constantes e consequentes nos seus comportamentos e ensinamentos aos filhos;
- que a família tenha um funcionamento horizontal (plano), isto é, todos têm direitos e obrigações conforme os seus níveis de desenvolvimento físico e mental;
- entender que a família é um time no qual cada um joga na sua posição mais adequada para melhor desempenho da equipe;
- compreender que não há ninguém superior nem inferior a ninguém, mas há os mais e os menos desenvolvidos em determinadas áreas;
- fazer valer o princípio da Cidadania Familiar:
    - ninguém pode fazer em casa o que não poderá fazer na sociedade;
    - todos têm que praticar já em casa o que terão que fazer na sociedade;
    - cuidar da Terra como se fosse a própria casa etc.

Os pais têm de ser coerentes entre si e não permitir que os filhos façam em casa o que não poderão fazer na sociedade; ao contrário, devem exigir que já façam em casa o que terão de fazer fora de casa. Têm que ser constantes, isto é, uma vez dito um *não*, este *não* deve ser mantido, não ser transformado em *sim*. Pois quem quebra a disciplina dos filhos geralmente são os pais que não aguentam manter um *não* diante da pressão dos filhos. Castigos não educam. O que educa são as consequências, a transformação do erro em aprendizado. Por exemplo, um castigo antigo, que se tornou obsoleto, é querer prender o filho no quarto dele. Como um filho vai aprender que deve guardar o brinquedo depois de brincar ficando de castigo no quarto? Melhor os pais avisarem à criança que vão doar o brinquedo que ela não guardar de volta – porque quem não cuida do que tem vai perdê-lo. É o princípio das consequências: pais têm que ser coerentes entre si, constantes nas suas falas e consequentes nas suas ações para educarem os seus filhos.

Capítulo 2

Mãe & pai: duas faces da mesma moeda

Por que "pais" no lugar de "mãe e pai"?

Não é justo nos referirmos ao casal como "pais", porque a mãe então desaparece. Quando a escola convoca os pais, quem mais atende são as mães, e quando as mães são chamadas quase nenhum pai comparece à reunião. Na maioria das vezes, os filhos ainda são responsabilidade da mulher, mesmo que ela trabalhe fora e sua participação no orçamento familiar seja importante. A última palavra na família já não é mais a do pai, como vimos, mas também a da mãe.

A mulher saiu para o mercado de trabalho sem deixar de ser mãe. Nem por isso todos os homens se tornaram "mais" pais. Só recentemente alguns começaram a participar mais da educação dos filhos, como já vimos no capítulo anterior. Tenho até notado que a presença de pais em minhas palestras triplicou nos últimos cinco anos.

Por outro lado, a maioria dos livros de educação continua a frisar demais a importância da figura materna, perpetuando a indevida sobrecarga da mãe e aliviando a do pai.

Pois eu dirijo este livro a mães e pais. Pai não é melhor que mãe nem vice-versa. São apenas diferentes. E essas diferenças ampliam as possibilidades educativas, trazendo retornos relacionais mais ricos. Quanto maiores forem as diferenças, mais distintos serão os comportamentos dos filhos em relação ao pai e à mãe para a mesma situação.

São diferenças que se complementam, já que, sem um homem, a mulher não pode ser mãe. O homem, sem uma mulher, não conseguirá ser pai. Assim, a criança é fruto da associação do homem com a mulher. Ou da mulher com o homem? Não se trata de discutir quem é o mais importante, porque os dois são essencialmente necessários para se ter um filho.

A herança genética está nos cromossomos. Mas desde o nascimento a criança absorve o modo de viver, o "como somos" da família. Assim, ela aprende naturalmente com as pessoas que a cercam. E no futuro transmitirá tal aprendizado a seus filhos, perpetuando comportamentos através das gerações subsequentes.

Flashes capturados do cotidiano das famílias nos mostram que o mundo mudou, mas nem tanto assim:

• • •

Voo das 6 horas da manhã para São Paulo

Eu voltava de uma palestra quando comecei a observar um garotinho de 3 anos do outro lado do corredor. A mãe estava próxima dele e carregava outra criança de colo. O menino mexia nos botões acima de sua cabeça, punha os pés no assento, não parava quieto. De repente, ele me descobriu e ficou olhando para mim. Comecei a fazer mímicas com as sobrancelhas. Mexia ora à direita, ora à esquerda. Tentando me imitar, ele passou a fazer caretas. Ao perceber que seu filho me olhava, a mãe o puxou e o fez sentar. Era como se dissesse claramente: "Não dê bola para estranhos". Segundos depois, o garoto já estava de pé no assento outra vez, mexendo de novo em todos os botões.

Um homem de terno e gravata que estava sentado no banco de trás, estudando relatórios, disse então, em voz forte, que mais parecia um grunhido: "Fica quieto, menino, senão o bicho vem te comer". Até eu, do outro lado do corredor, tomei um susto. Em seguida, a mãe do menino disse: "Fica quieto, menino, você ouviu o que seu pai falou". Eu também fiquei quieto e imaginei que, na realidade, o bicho era o próprio pai.

Final de festa junina.

Enquanto eu comia um churrasquinho, fiquei observando a mulher com três crianças, uma no colo, um menino maiorzinho, de uns 6 anos, encostado a ela, e um que parecia ter 13 anos, ao lado, inquieto, chutando o chão. Ela carregava uma sacolinha. Os quatro estavam parados, esperando alguém. Mudei de campo visual. E o que observei? Um homem bem-apessoado conversava animadamente com outro. Vestia-se elegantemente com trajes esportivos. Ele estava a uns cinco metros da mulher e das crianças. O outro homem se despediu. Então, o primeiro virou-se para a mulher e disse em voz alta: "Vamos embora!". E foi andando em direção à saída.

Para minha surpresa, a mulher seguiu atrás dele, carregando a sacolinha e a criança no colo, o menino pendurado na saia e o púbere mal-humorado caminhando a seu lado. Pareceu-me, por um momento, estar diante do quadro Retirantes (1944), de Portinari.

• • •

Fico conjeturando, maquinando, filosofando sobre esses acontecimentos flagrados no dia a dia das famílias. As pessoas poderiam observar como outras pessoas funcionam quando estão com seus filhos nas festas, praças de alimentação de shopping centers, parques, igrejas. Elas poderiam aprender muito e, com isso, interferir na própria família para melhorar a qualidade de vida dela.

Mulher é muito diferente de homem

Existem diferenças enormes e fundamentais entre ser mulher e homem, muito maiores do que simplesmente ser pai e mãe. A maioria dos comportamentos sociais que distinguem o homem da mulher não foi inventada. Eles têm bases biopsicossocioantropológicas distintas dentro de uma mesma espécie. O ser humano é que socializou, educou e sofisticou seus instintos animais de sobrevivência e perpetuação da espécie.

Assim como os demais mamíferos, o humano masculino é fisicamente mais forte, porém menos elástico que o feminino. Quem engravida é o feminino, com essencial ajuda masculina. Contudo, somente o feminino amamenta os filhotes.

Essas e outras distinções decorrem de diferenças anatômicas, sobretudo da maior ou menor presença e ação de hormônios sexuais: estrogênio e progesterona nas mulheres, testosterona nos homens. A seguir, apresento algumas das diferenças comportamentais masculino-femininas que preexistem entre pai e mãe:

- A mulher fala o que pensa ou vai pensando enquanto fala. Seguramente, ela consegue pensar, escutar e falar ao mesmo tempo. O homem, por sua vez, não fala enquanto pensa ou geralmente só fala depois que pensou. Uma ação de cada vez. Portanto, pensar, falar e escutar ao mesmo tempo para o homem, nem pensar...
- Ao jantar em um restaurante, a mulher repara nos talheres, na toalha de mesa, nos enfeites, nas unhas do garçom, no ambiente, nas pessoas, nas roupas e joias "daquela mulher", na decoração, na estética e no sabor da comida, sempre preocupada com o teor calórico da sobremesa. O homem repara no barulho, na demora para servir, no tamanho das porções, na educação do garçom e, fatalmente, no preço pago.
- Numa refeição em casa, se o filho não quer comer, "que não coma", pensa o pai. A mãe logo se dispõe a encher o estômago da criança de qualquer jeito: "Quer que eu prepare aquele sanduíche que você adora?".
- Quando o filho apanha de um colega, o pai se irrita e briga com ele, quando não chega a agredi-lo, para que aprenda a se defender na rua. A mãe também fica furiosa e quer dar uns tapas... mas em quem agrediu seu filhinho.
- Um pai termina uma discórdia com o filho estabelecendo regras, enquanto a mãe quer convencer o filho de como ele está errado e acaba "discutindo a relação" com ele.

Educação: como vive a família hoje

○ A mãe tem um *checklist* mental[5] para cuidar de um filho muito mais complexo que o do pai. Para confirmar se o filho usou drogas, ela olha nos seus olhos; sente o cheiro; repara se tudo está normal, roupas, atitudes, tom de voz e comportamento com ela; pergunta onde, quando, com quem, como, que horas esteve onde disse, e o que fez lá durante todo o tempo, e se fixa para criar outro *checklist* mental se algum campo não for preenchido como ela espera. O *checklist* mental do pai é bem mais sintético e baseado em respostas verbais que o filho dá. Se um filho diz que não usou drogas é suficiente para o pai sossegar. O filho não iria mentir para ele. Mas quando a mãe perde a confiança, não há filho que aguente o cerco que ela estabelece. Isso causa até briga entre o casal. O pai acha que a mãe faz drama com tudo, e a mãe costuma achar que o pai é omisso.

> **Pai perde filhos em shoppings, praias, festas juninas.
> Mãe não desgruda os olhos de seus pimpolhos.**

Um estudo realizado por T. Canli e equipe na Universidade de Stanford (Califórnia, EUA) revelou que as mulheres memorizam de forma diferente eventos de forte conteúdo emocional. Existe uma diferença química inata na utilização dos circuitos neuronais por homens e mulheres. Elas usam mais o hemisfério esquerdo do cérebro, que é muito bem equipado para memorizar e acessar as imagens emocionais, enquanto eles utilizam os dois hemisférios, não tão especializados quanto os delas. Por isso, eles acabam tendo uma clara dificuldade de lembrar o que para elas é inesquecível.

Sob o título "Homens tentam superar desvantagem emocional", a *Folha de S. Paulo* publicou, em 17 de janeiro de 2002, matéria do jornalista Sérgio Vilas

---

[5] O que chamo de *checklist* mental é uma lista de observações com campos a ser preenchidos mentalmente para se tomar uma atitude. Cada pessoa tem um *checklist* mental próprio. Se um aluno quer colar na prova, ele checa primeiro vários itens: o professor está atento? Olhando para que direção? Sentado na sua mesa? Andando entre os alunos? Tenho como disfarçar que eu esteja colando? Se todos os itens forem favoráveis, ele passa a colar.

Boas muito comentada na época, que trazia a seguinte chamada: "A perda de identidade provocada pela condição atual da mulher leva o homem a uma crise que pode ser proveitosa para ambos". Ou seja, a crise de masculinidade, antes restrita à intimidade de cada homem, tornou-se pública nos últimos dez anos. Dezenas de estudos assinados por antropólogos, sociólogos e psiquiatras chamaram a atenção para a condição de inferioridade do sexo masculino.

Evolução do papel de pai

O machismo, que se apoiava na subserviência da mulher, cada vez mais cai por terra à medida que a mulher vai se integrando à globalização e à "mulherização".

Nos Estados Unidos, de 1950 para cá, a empregabilidade do homem caiu de 70% para 52%, e a da mulher subiu de 30% para 48%. Não há como o homem não aceitar a superior capacitação das mulheres, porque elas estudam mais anos, têm mais diplomas e mais títulos de mestrado e doutorado. O número de mulheres chefes de família aumentou 8 vezes entre 1995 e 2005, estando 28% dos lares brasileiros providos pelas mulheres.

Tudo isso sacode o homem ainda preso ao papel de provedor. Ou ele evolui para o novo mundo, ou sucumbirá, pois as mulheres mais confiantes em si e mais autossuficientes dispensam homens que não "combinam com elas".

A maioria das mulheres não precisa casar nem depender de ninguém. Elas estão dispostas a viver independentemente dos homens, como mostram 72% dos divórcios não-consensuais que são pedidos pelas mulheres. Hoje podemos encontrar homens que foram "largados" pelas suas ex-mulheres.

O pai de hoje, quando se separa, já luta pela guarda compartilhada, não mais se transforma num mero ex-pai como há 20 anos. E os rapazes de hoje, desde meninos convivem com mãe, irmãs e colegas em casa, por isso aceitarão com mais facilidade cuidar das tarefas domésticas e dos filhos.

Como se vê, as mudanças comportamentais no homem foram resultantes da evolução da mulher, que o arrancou do cômodo machismo.

O nascimento do casal

Historicamente, a mulher é mãe há muito mais tempo do que o homem é pai. Na pré-história, ela cuidava instintivamente dos filhos como qualquer animal, até que a criança crescesse e se tornasse mais independente.

Quem se incumbia das tarefas mais difíceis, que exigiam força física, eram os homens da família, os irmãos da mãe ou os filhos homens. Vivia-se um esquema familiar matriarcal (célula-mater), sem conhecimento da existência do pai.

Mais voltado ao nomadismo, o homem desconhecia o sentido da paternidade. Ele só surgiu há cerca de 12 mil anos, quando a mulher descobriu a agricultura, e os seres humanos fixaram-se mais na terra.

Antes, a gravidez era considerada um presente dos deuses. E os homens continuaram em movimento, saindo às vezes para caçar, lutar nas guerras, conquistar territórios. Construíam castelos para defender a amada e, eventualmente, os filhos que ficavam com ela.

> O homem conquista e defende um território, mas quem o transforma em lar é a mulher.

Desse modo, é até natural que a mulher seja muito mais apta que o homem para cuidar das crianças. Se o homem tivesse sido o encarregado de olhar as crianças, como a mulher sempre foi, talvez hoje muitos pais não perdessem seus filhos pelo caminho, nos shoppings, nas praias, nos parques infantis... Ou seja, seriam mais experientes.

O mundo mudou. Existem casais experimentando novos arranjos familiares. Mas a velha divisão de papéis insiste em se manter: o pai continua mais trabalhando do que educando seus filhos, como já comentamos, e a mãe começou também a trabalhar, porém continua com a responsabilidade de educar os filhos.

Para o homem, a casa é o "repouso do guerreiro". Para a mulher que trabalha fora, é seu segundo emprego, até mais desgastante que o primeiro, porque lhe sobra pouco tempo para levar adiante todas as tarefas: ver se os filhos não estão machucados ou doentes, se fizeram o dever da escola, se a casa está arrumada, se não falta nada na despensa e como preparar o jantar para receber o guerreiro cansado.

A mãe se sobrecarrega, e o pai continua folgado. Entretanto, ela não precisaria ser 100% mãe. Poderia ser só 50% se os outros 50% fossem complementados pelo pai, que assumiria seu lugar na educação – já que a mãe trabalha fora e traz fundamental ajuda econômica para o lar.

O homem ainda tem muito a desenvolver no papel de pai. A mulher, porém, começa a avançar em seu papel de mãe já durante a gravidez: acompanha o desenvolvimento do bebê, sente seus movimentos, observa suas mudanças corporais etc. Cada vez mais, a mãe vai conhecendo o bebê e construindo um vínculo com ele. Enquanto isso, o pai observa tudo de fora, confuso, sem saber como participar mais ativamente dessa construção.

O desenvolvimento do papel de pai também deveria começar durante a gravidez. A participação de alguns homens na gravidez limita-se aos cuidados com a grávida. Quase não se vê o "homem grávido" comprando roupinhas ou brinquedinhos para o bebê que ainda não nasceu. Participar da montagem do quartinho? Poucos o fazem, pois a maioria ainda pensa: "isso é coisa de mulher!".

O pai grávido se preocupa mais com as despesas do recém-nascido do que em aprender como trocar fraldas, preparar uma mamadeira ou dar um banho no bebê. Porém, como qualquer ser humano, ele é capaz de mudar, mesmo que ainda lhe falte consciência da necessidade de mudança e empenho.

• • •

Conheci uma vez uma moça que estava revoltada com o noivo. Enquanto ela se preocupava em montar a casa, o futuro "ninho" do casal, ele queria comprar uma moto. Ela dizia que não era uma necessidade;

além do mais, como carregar depois um bebê na moto? A noiva pensava no casal, nos filhos. O noivo, ainda preso ao primitivo nomadismo masculino, pensava somente em si, em seus passeios e aventuras.

Hoje, esse casal já está separado, numa iniciativa tomada por ela. Não tiveram filhos.

• • •

> **O pai é mais ligado à companheira que aos filhos; e a mãe, muito mais ligada aos filhos que ao companheiro.**

Imagine que mãe e pai de um recém-nascido estejam namorando na cama, e a mãe escuta o bebê gemer. De imediato, ela afasta o marido e corre para ver a criança, que em geral já voltou a seu sono normal; ou seja, o papel da mãe avassala o da esposa. O homem, que nem sequer tinha ouvido a criança, sente-se prejudicado em seu desempenho conjugal. E reclama que a mulher só dá atenção ao filho e não o leva em consideração.

Tais diferenças se manifestam de maneira muito nítida quando um casal se separa. Ele fica com os bens materiais, entenda-se: o dinheiro. Ela fica com os bens afetivos, entenda-se: os filhos.

Sabemos que a mulher mantém com mais eficiência a estrutura familiar que o homem. Portanto, uma família sem mãe sofre muito mais o risco de desagregação que uma família sem pai. O homem separado praticamente abandona a família. Vira um nômade atrás de novas companheiras. Porém, se o homem gostar de outra mulher que tenha filhos, ele poderá cuidar das crianças da nova companheira até melhor do que cuidava dos próprios filhos – que ficaram com a ex-mulher.

Não é raro hoje o pai obter a guarda dos filhos. Nesse caso, muitas vezes, quem realmente ajuda no dia a dia é a mãe dele, a avó, ou então o pai contrata uma mulher para se encarregar das crianças. Ao revés, é raríssimo a mãe contratar um homem para cuidar dos filhos dela.

As armadilhas da culpa

A ligação da mãe com o filho é tão forte que supera a razão, parece até um "instinto" materno.

Tal instinto é tão poderoso que escraviza a mãe. É graças a esse instinto que os bebês acabam sobrevivendo. Isto é ótimo. Mas a mãe nunca mais larga esse "instinto" mesmo que os filhos já não mais precisem dela. Assim ela incomoda todos: ela mesma, que é atacada de um hiper-responsabilismo sobre o filho que a consome, mas do qual não consegue se livrar; o filho, que quer experimentar os primeiros passos fisiológicos da independência; e o pai, que não mais suporta ouvir os dois.

Mesmo que ela esteja trabalhando com as duas mãos, ainda consegue dar conta de olhar, ouvir e responder aos filhos, enquanto acompanha o que está acontecendo na tevê. Mulher-polvo[6], todos os tentáculos trabalhando ao mesmo tempo, independentemente, sem se emaranhar nem se atrapalhar. Pobre do homem que consegue fazer somente uma coisa de cada vez. Se alguém o chama, pronto, já se desconcentra no que estava fazendo: um polvo de um só tentáculo, isto é: ele é um homem-cobra.

Dentre as muitas espécies de mãe que existem, podemos destacar dois *tipos extremos*:

- Superprotetoras: acham que tudo que o filho faz é maravilhoso; ele é a melhor criança do mundo. Os errados são os outros, a escola, o mundo. Elas desenvolverão filhos instáveis e inseguros.
- Cobradoras: só reparam no que o filho faz de errado. "Para os outros brigarem com você, é porque deve ter aprontado alguma, como sempre", diz tal mãe. Ela não aguenta ser criticada pelo que o filho faz. Estas desenvolverão filhos obsessivos e tímidos.

• • •

---
[6] Para saber mais, ler *Homem-Cobra, mulher-Polvo*, de Içami Tiba. São Paulo: Gente, 2004 (N.E.).

As crianças precisam ser protegidas e cobradas de acordo com suas necessidades e capacidades, protegidas nas situações das quais não conseguem se defender, e cobradas naquilo que estão aptas a fazer.

Quando a mãe abre mão da razão em defesa do filho, essa atitude pode provocar muitos desarranjos no relacionamento. A criança se aproveita. Sente-se liberada para cometer graves delitos, porque, depois, é só agradar um pouco a mãe, nada acontece.

Todo delinquente doméstico só vai em frente porque é um sedutor e encontra o terreno livre. O medo de traumatizar a criança às vezes é tão grande que os pais acabam deformando-lhe a mente por falta de uma ação corretiva, responsabilizadora.

Há crianças que batem na mãe, porque antes já a xingaram. E só xingaram depois de desobedecer. Quanto mais a criança for educada, a partir de seus primeiros passos, maior será a eficiência da educação. Portanto, a mãe não deveria permitir desobediência nunca.

Para isso, o maior segredo é a mãe obedecer a seus próprios "nãos". Significa que só deve proibir algo cuja negação ela *realmente* possa sustentar, sem logo transformá-lo em concessão ao menor motivo. A obediência fica garantida pelo respeito que a mãe exige do filho. Defender-se dos maus-tratos, inclusive vindos da criança, é um gesto tremendamente educativo, além de ser ético e próprio de um verdadeiro cidadão.

Se o filho tem baixo desempenho escolar, a mãe passa a noite em claro, achando que a culpa é sua. E tudo pode piorar se o marido lhe disser: "Ah, mas onde você estava que não viu que ele não estudou?". Se o filho jovem se envolve com drogas, é comum o marido cobrar a mulher, que também acaba se cobrando: "Onde foi que errei? Quem sabe, se eu não estivesse trabalhando fora, isso não teria acontecido...".

Já atendi pais em conflito por causa de um filho que era apenas mal--educado. Com a desculpa de que ele poderia ser hiperativo, a mãe o deixava fazer tudo, enquanto o pai queria colocar-lhe os limites necessários.

> **A mulher precisa tomar muito cuidado para não transformar seu amor de mãe numa doação que atropela o filho em vez de educá-lo.**

Para essas mães pouco adianta o médico tentar explicar que o problema é muito mais abrangente, e que ela está com tripla jornada de trabalho: como profissional, como rainha do lar e como mãe. Em geral, a *working-mother* assume a culpa sozinha. E é então que o pai ficará livre para fazer críticas.

A grande armadilha da culpa origina-se exatamente em não abrir mão dessa tripla jornada, assumindo responsabilidades que extrapolam a capacidade de ação da mulher. É querer ser onipotente. A maior parte das mulheres deveria aprender a colocar limites em suas próprias ações e a capacitar os diversos componentes da família para a realização de tarefas que não cabem obrigatoriamente só a ela.

Repito: não é o fato de trabalhar fora que prejudica a mulher, a criança e a família. Mas a postura de culpa que ela assume quando volta ao lar. Não é saudável a mãe mal entrar em casa já correr a atender todo mundo sem se dar direito a um descanso.

A *working-mother* deve exercer outro tipo de papel como mãe e administrar a casa de modo diferente. Ela não deveria se portar em casa como se fosse aquela outra mãe em tempo integral. Ela se tornou uma mulher globalizada, mas ainda não é polivalente.

Por sua vez, a mulher polivalente e integrada[7] faz com que o ambiente doméstico seja diferente, com filhos mais independentes e cooperativos, que ajudam no andamento da casa e da rotina familiar. Nessas famílias, temos a Cidadania Familiar em ação, cada qual com seus direitos e obrigações.

• • •

Enquanto ela está fora, a responsabilidade de manter a casa em ordem cabe aos filhos que lá ficaram. Em vez de arregaçar as mangas e arrumar a bagunça,

---

[7] Do ponto de vista da *Teoria Integração Relacional* (ler Introdução desta obra) (N.E.).

a mulher integrada exige que os filhos arrumem tudo e que da próxima vez a casa esteja em ordem quando ela chegar.

> **Cidadania Familiar: os filhos devem praticar em casa o que terão que fazer na sociedade.**

A mãe presente, o pai reticente

Mentalmente, a mãe visualiza seu filho criança durante todo o passeio de acordo com o roteiro que traçou. Em geral, crianças pequenas gostam de contar suas experiências para os pais. E a mãe aproveita bastante. Quanto mais o filho fala, mais noção ela vai tendo das perguntas que deve fazer. A mãe quer ter uma visão global. É uma maneira de se sentir presente, de cuidar do filho, mesmo não tendo participado das atividades dele.

• • •

Caso tenha alguma desconfiança, se achar que o filho pode mentir, conduz o interrogatório de forma a esclarecer sua suspeita. Não faz perguntas diretamente relacionadas com a suposta mentira, mas vai juntando as respostas até concluir se ele está mentindo ou não. Ela está usando o *checklist* mental[8], e só "vira a página" quando todos os campos estiverem devidamente preenchidos.

Por que o filho acha a mãe uma chata nesses casos? Na verdade, quem acha a mãe uma chata é o filho homem, porque os garotos têm mais vontade de agir do que de falar. Não gostam de ficar falando sobre os amigos, ao contrário das meninas, que adoram! O pai, para o filho, é mais legal porque com ele não precisa falar muito – já que o pai acha esse tipo de conversa com o filho muito superficial, pouco prática e nada objetiva. E isso permite que o pai seja

---

[8] Ver nota 5, na p. 43 (N.E.).

manobrado: é mais fácil enganar com duas ou três respostas do que com um questionário inteiro.

O que favorece – mas não justifica – esse tipo de comportamento paterno são algumas características ou mitos machistas: o pai não gosta de ficar fazendo perguntas assim como não gosta de responder a perguntas que não julga essenciais; o pai tem de ser forte, saber de tudo, não expressar sentimentos nem procurar saber dos sentimentos do filho, não demonstrar fraquezas e sensibilidades, não chorar, não compartilhar preocupações; e deve procurar resolver tudo sozinho, ensinar mais que aprender, ditar e impor regras mais que compô-las. Por isso, o pai torna-se agressivo quando contrariado e fala a sério... pois senso de humor pode ser confundido com leviandade.

> **Dificilmente um homem "machão" consegue educar bem seu filho, que precisa muito da meiguice da mãe.**

O trabalho ocupa um espaço enorme na vida do pai. Quando é interrompido, pela aposentadoria ou por um afastamento compulsório, o pai sente-se morrer, sua autoestima cai e ele entra em depressão. Parece-lhe que, se não trabalhar, vai perder a identidade. Não se valoriza, mesmo que sua mulher lhe dê valor. Por sua vez, há mulheres que também se sentem atrapalhadas e muito ameaçadas pela presença masculina em casa. Assim, em vez de ajudarem o homem naquilo que ele precisa, acabam minando a autoestima masculina: "Homem em casa só atrapalha; vai para a rua, vê se acha alguma coisa para fazer!". Mulheres desempregadas geralmente acham muitas tarefas a fazer.

Há homens que ajudam em casa quando estão desempregados. Porém, quando arrumam outro emprego, voltam a encarar o lar como o lugar do repouso. Por essa razão, não é de estranhar que deixem sempre a educação por conta da mulher.

Educar dá trabalho, pois é preciso ouvir o filho antes de formar um julgamento; prestar atenção a seus pedidos de socorro (nem sempre claros) para ajudá-lo a tempo; identificar com o próprio filho onde este falhou, para que possa aprender com o erro; ensiná-lo a assumir as consequências em lugar de simplesmente castigá-lo, por mais fácil que isso seja; não resolver pelo filho um problema que este seja capaz de solucionar: não se devem ressarcir prejuízos criados pelo filho nem pedir nota, para ele, a seus professores.

Ocorre que muitos pais machos foram filhos de pais também machos. Se pais machos soubessem educar, seus filhos também saberiam educar, e não teríamos hoje essa geração de jovens bem-criados porém tão mal-educados.

A grande vantagem do ser humano sobre os animais é a possibilidade de modificar seu comportamento, criando soluções para o que o prejudica ou não lhe satisfaz.

> **Um pai integrado tem de superar o machismo e ser uma pessoa verdadeiramente interessada em educar o filho.**

O interesse e o empenho em educar o filho devem ir além da informação. É preciso que as informações sobre educação, desenvolvimento, drogas, sexualidade e relacionamentos integrais saiam dos livros e entrem na rotina familiar. E, em geral, não é fácil levar a teoria para a prática. A maior dificuldade surge quando conflitos internos dos pais interferem nas ações educativas, e isso não depende da idade dos filhos.

• • •

Teresa me procurou por não aguentar mais as agressões que recebia do filho de 7 anos toda vez que ela o contrariava. Desde pequeno, Zezinho conseguia tudo o que queria usando e abusando da birra. Teresa sabia que estava errando cada vez que cedia à birra, mas não conseguia impor-lhe os limites necessários. Ela não suportava vê-lo sofrendo. Em sua terapia, Teresa percebeu quanto sua mãe tinha sido repressiva, e ela havia jurado a si mesma que nunca reprimiria ninguém, muito menos seus filhos. Teresa não se lembrou mais desse juramento, mas ele ficou bem arquivado no espírito. Quando precisava impor os limites adequados, o juramento entrava em ação, sem passar por sua consciência, e interferia na resposta. Este é um caso em que o conflito interno da mãe prejudica a educação do filho.

A omissão dos pais, que permite à criança fazer tudo o que deseja, ou a explosão diante de qualquer deslize do filho, além de não educar, distorcem a personalidade infantil, tornando a criança folgada (sem limites) ou sufocada (entupida, reprimida, tímida). No futuro, ela poderá se revoltar quando for contrariada, ou tiver força suficiente para se rebelar contra o opressor. Portanto, é importante que os pais busquem ajuda quando não conseguem fazer o que tem de ser feito.

A boa educação não se deve pautar pelos conflitos ou problemas que os pais tiveram em sua infância, mas pelas necessidades de cada filho. Mesmo que o casal tenha três filhos, cada um deve ser tratado como se fosse *único*, pois, embora os três tenham a mesma carga genética, o que prevalece é a individualidade.

• • •

A gravidez é uma ótima oportunidade de trabalhar as questões educativas, pois é um momento de transformação. A mulher e o homem se reestruturam para ser mãe e pai, o próprio casal se reestrutura para a inclusão de um filho. É o relacionamento amadurecendo para a triangulação.

Os resultados imediatos da boa educação podem vir como flores: bonitos, exuberantes e agradáveis a todos. Mas os verdadeiros e duradouros resultados são aqueles que pertencem à formação da personalidade. O que garante uma boa educação são seus frutos, comportamentos duradouros que valem para qualquer situação, dentro ou fora de casa.

O que faz flores evoluírem para frutos são os princípios da coerência, constância e consequência. Educar é uma obra-prima, uma obra realmente artesanal, cujo resultado é a futura felicidade dos filhos e de todos à sua volta.

Atualmente os pais não podem se queixar de falta de informações, pois elas estão em todos os lugares, jornais, programas de televisão, internet, revistas. Basta que os pais coloquem a educação como prioridade e fiquem atentos a tudo.

Filhos são como navios...

Nos estaleiros os navios são construídos. O lugar mais seguro para os navios pode ser o porto, mas eles não foram construídos para ficar ali ancorados, e sim para singrar os mares...

Ou seja, os pais podem achar que o lugar mais seguro para os filhos é junto deles, mas os filhos não nasceram para isso, e sim para singrar os mares da vida...

Os navios superam as rotas dos pais e chegam a lugares que nunca estiveram antes. Assim evolui a humanidade.

Capítulo 3

A educação do "sim"

Agora, vamos dar uma olhada nos filhos. Não nos pequenos, que ainda não andam pelas ruas, mas nos maiores, que já querem caminhar com as próprias pernas, num mundo que de repente ficou pequeno.

• • •

Marcelo, 15 anos.

Um dia decidiu que ia para um vilarejo com 5 mil habitantes no centro dos Estados Unidos fazer intercâmbio. Descobriu o lugar com um amigo virtual que conheceu num chat da internet. A cidade não oferecia nada. Pai e mãe ficaram desconfiados de que alguma coisa estava errada. O rapaz tinha pouquíssimos amigos e não saía de casa para visitar ninguém. Até que encontraram no quarto do garoto uma carta com a foto do amigo. Uma carta de amor visivelmente homossexual.

Os pais resolveram impedir a viagem. E a homossexualidade do amigo era o que menos pesava para o filho na decisão. A maior preocupação da família era soltar um garoto, filho único, sem um mínimo de experiência de vida, muito menos sexual, sozinho, numa cidade interiorana de um país distante e na casa de uma pessoa desconhecida cuja única referência era ser homossexual. O rapaz culpou os dois por não deixá-lo realizar seus planos e disse que morreria, ou seja, usou contra os pais o argumento mais forte que encontrou: sua morte. Ocorre que, anos antes, o garoto quase havia morrido num acidente de carro. Sua sobrevivência fora considerada um presente divino, e nunca mais os pais lhe tinham dito um "não". Na ocasião, a mãe parou de trabalhar para cuidar dele. O rapaz era a sua vida. E o pai, muito envolvido com o trabalho, nunca impôs limites. Felizmente um trabalho de consultoria familiar ajudou-os a resolver o conflito. Os pais conseguiram manter a proibição, e o rapaz não viajou... nem morreu.

• • •

Bernardo, 19 anos.

Numa viagem à praia, conheceu uma garota europeia e tiveram um namorico. Apaixonado, e pela primeira vez sentindo-se correspondido, ele resolveu abandonar a faculdade e largar tudo para ir com ela para a Europa. A família achou que era uma loucura e sugeriu que o filho adiasse a viagem para as férias. Ele reclamou: "Vocês atrapalham minha vida. Não posso fazer nada que eu quero". Só que ele, supermimado, sempre fez o que quis. Foi superprotegido pela mãe e pelos avós maternos, que o criaram. O pai era incoerente e inconstante, incapacitado, portanto, para educar.

> **Tudo o que dependia da família Bernardo conseguia. Menos namoradas e amigos verdadeiros, que dependiam exclusivamente dele.**

Bernardo tinha um carro importado e gostava de correr pela Marginal Pinheiros a 200 quilômetros por hora. Disse que ia se matar. A ameaça apavorou toda a família. Por outro lado, como deixar um filho ir para a Europa atrás de uma garota mais velha e experiente, que ele mal conhecia, acostumada a viajar pelo mundo sozinha? Já no Brasil, o interesse dela por ele diminuíra, lembrando em tudo um flerte passageiro de férias num país distante.

Através da consultoria familiar e de uma subsequente terapia individual intensiva, sob um clima de crise, todos firmaram o seguinte contrato: ele iria para a Europa nas férias, caso o relacionamento entre os dois ainda justificasse a viagem. Após dois telefonemas, o relacionamento acabou, assim como começou: uma chuva de verão!

• • •

Marcelo e Bernardo são dois exemplos de adolescentes bem-criados, porém não bem-educados. Apesar de terem tido tudo na infância, não desenvolveram autoestima suficiente para estabelecer relacionamentos que dependessem exclusivamente deles.

Esses rapazes receberam tudo de graça. O simples fato de existirem era motivo suficiente para os pais atenderem a seus mínimos desejos. Assim, sem conhecerem o significado do "não", partiram para o mundo. E o mundo é a realidade onde convivem, simultaneamente, o "sim" e o "não". Eles acreditavam que o mundo seria como era a vida com seus pais, que jamais lhes disseram "não".

Parafusos de geleia

Figuras paternas frágeis e mães hipersolícitas transformam os filhos em parafusos de geleia.

Se levam um apertão, espanam. Não aguentam ser contrariados. Não foram educados para suportar o "não". O parafuso de geleia é comumente encontrado nesta sequência: avós autoritários, pais permissivos (antiautoritarismo), netos sem limites (parafusos de geleia).

Quando foram pais, os avós mostraram-se muito autoritários, tendo sido mais "adestradores" de crianças que educadores. Bastava o pai olhar, o filho tinha de obedecer; do contrário, os pais abusavam da paciência curta, da voz grossa e da mão pesada. Não tinham conhecimento da adolescência. Adolescente com vontade própria era sinônimo de desobediência. Não reconheciam a possibilidade de o filho pensar diferente: "Eu sei o que é bom para o meu filho e ele tem que aceitar". "Filho não tem vontade, não tem querer." Eram onipotentes e abusavam da lei animal do mais forte. Eram os machos alfa[9].

Os filhos desses pais se revoltaram contra o autoritarismo. Sofreram tanto com tal método de educação que quiseram dispensá-lo ao se tornarem pais. Então trataram de negá-lo, fazendo radicalmente o contrário. Foi assim que se tornaram extremamente permissivos.

A permissividade é a outra face do autoritarismo, regada a ocasionais crises autoritárias. Não consiste num novo caminho educativo. O pai permissivo deixa, deixa, até um ponto em que não aguenta mais e dá um grito: "Agora, chega!". De repente, manifesta um comportamento que não condiz em nada com a permissividade. E aí está a perda de referência educativa.

Os filhos desses pais – portanto, os netos dos avós autoritários – tornam-se onipotentes, mas com pés de barro: para eles tudo pode, mas não suportam nenhuma frustração. Sentem-se fortes, mas são parafusos de geleia.

> O "sim" só tem valor para quem conhece o "não".

Mas a geração parafusos de geleia desconhece o "não". Tudo é permitido. E a permissividade não gera um estado de poder ou de competência. Os

---

[9] "Macho alfa": ver nota 1, na p. 25.

parafusos de geleia têm baixa autoestima porque foram regidos pela educação do prazer. Muitos pais acham que dar boa educação é deixar o filho fazer o que quiser, isto é, dar-lhe alegria e prazer. Não é isso que se cria a autoestima.

O amor formando autoestima

A autoestima começa a se desenvolver numa pessoa quando ela é ainda um bebê. Os cuidados e os carinhos vão mostrando à criança que ela é amada e cuidada. Nesse começo de vida, ela está aprendendo como é o mundo à sua volta e, conforme se desenvolve, vai descobrindo seu valor a partir do valor que os outros lhe dão. É quando se forma a autoestima *essencial*. A autoestima continua a se desenvolver conforme a pessoa se sente segura e capaz de realizar seus desejos e, futuramente, suas tarefas. É a autoestima *fundamental*.

Para os pais, o amor incondicional que sentem pelos filhos está claro, mas, para os filhos, nem sempre esse amor é tão claro assim. Toda criança se preocupa em agradar à mãe e ao pai e acredita que ao fazer isso estará garantindo o amor deles. Para ela, o sorriso de aprovação dos pais é amor, e a reprovação com um olhar sério ou uma bronca é não-amor.

É importante que fique claro para a criança que, mesmo que a mãe e o pai reprovem determinadas atitudes dela, o amor que sentem não está em jogo.

> **Para que a criança se sinta amada incondicionalmente, é necessário, acima de tudo, que seja respeitada.**

Respeitar os filhos significa:

- Dar espaço para que tenham seus próprios sentimentos, sem por isso ser julgados, ajudando a expressá-los de maneira socialmente aceitável. Não é errado nem feio sentir raiva. O que pode ser reprovado é a expressão inadequada da raiva, como, por exemplo, bater em alguém.

- Aceitá-los como são, mesmo que não correspondam às expectativas dos pais. Precisam ter os próprios sonhos, pois não nasceram para realizar os sonhos dos pais.
- Não julgá-los por suas atitudes. Crianças erram muito, pois é assim que aprendem. Mãe e pai podem e devem julgar as atitudes, mas não os filhos. Se a atitude foi egoísta, o que deve ser mostrado é o egoísmo, mas não consagrá-lo dizendo "Você é muito egoísta". Frases do tipo "Você é terrível" e "Você não tem jeito mesmo" ensinam à criança que ela é egoísta, terrível e não tem jeito mesmo. Portanto, essas "qualificações" passam a ser sua identidade.

O respeito à criança lhe ensina que ela é amada não pelo que faz ou tem, mas pelo simples fato de existir. Sentindo-se amada, ela se sentirá segura para realizar seus desejos. Portanto, deixá-la tentar, errar sem ser julgada, ter seu próprio ritmo, descobrir coisas permitem à criança perceber que consegue realizar algumas conquistas. Falhar não significa uma catástrofe afetiva. Assim, a criança vai desenvolvendo a autoestima, grande responsável por seu crescimento interno, e fortalecendo-se para ser feliz, mesmo que tenha de enfrentar contrariedades.

• • •

Fernanda, 1 ano.

Lúcia me procurou com a queixa de que sua filha Fernanda, de 1 ano, era preguiçosa – ainda não andava e não falava – e muito nervosa. No primeiro atendimento, sugeri que brincassem juntas, como costumavam fazer em casa. As duas estavam sentadas no chão, rodeadas de brinquedos. Fernanda olhava para um brinquedo e Lúcia se antecipava: "Aqui está, filha! É este o brinquedo que você quer?". Quando Fernanda começava a engatinhar em direção a outro brinquedo, Lúcia o pegava e lhe entregava por temer que ela caísse e se machucasse. Lúcia percebeu que não suportava ver a filha fazer tentativas ou frustrar-se, por isso se antecipava à criança. Mas para que Fernanda começasse a andar seria necessário arriscar, cair algumas vezes, frustrar-se, até conseguir pegar o brinquedo sozinha. O que Lúcia havia transmitido até então para a filha era a ideia de que os brinquedos iam até ela. Ora, por que então Fernanda precisava andar ou falar? Se a mãe não pegasse o brinquedo desejado, Fernanda gritava, irritada, pois a frustração não fazia parte de sua educação.

• • •

Alegria ou prazer são logo digeridos, e as crianças ficam à espera de receber mais alegrias ou prazeres. Quando não recebem, fazem birra, tornam-se infelizes. Portanto, esse método, além de não desenvolver a autoestima, cria muito mais dependência (de pessoas, de drogas), pois é dela que as pessoas passam a se alimentar para estarem bem.

O que alimenta a autoestima é sentir-se amado incondicionalmente e também o prazer que a criança sente de ser capaz de fazer alguma coisa que depende só dela, não o prazer gratuito. O filho desenvolve a autoestima quando brinca com o que ganhou, interage e cria novas brincadeiras; guarda o brinquedo dentro de si, sente sua falta e, principalmente, cuida dele. O brinquedo ganho adquire, então, significado para ele. Crianças que ganham uma infinidade de brinquedos que mal conseguem guardar não têm como desenvolver autoestima suficiente para gerar felicidade.

O presente que vai alimentar a autoestima do filho é aquele que ele sente que merece. Sem dúvida, é muito prazeroso para os pais dar presentes que agradem aos filhos. Todos ficam contentes, os pais por dar, os filhos ao recebê-los. Mas o princípio educativo é que os filhos sejam pessoas felizes, e não simplesmente alegres. A alegria é passageira, e a capacidade de ser feliz deve pertencer ao filho. O prazer do "sim" é muito mais verdadeiro e construtivo quando existe o "não".

Se uma criança é aprovada porque os pais contrataram para ela um professor particular, o mérito da aprovação é dos pais. O filho pode até sentir prazer por ter sido aprovado, mas no fundo sabe que o mérito não foi todo seu. Isso diminui sua autoestima. Quando é aprovado porque estudou e se empenhou, sua autoestima cresce. Ele adquire responsabilidade.

Autoestima empreendedora

A simples proibição de um ato pode não ser educativa. Quando se manda que uma criança fique quieta em seu lugar, estamos cortando sua ação, inclusive a iniciativa de agir. Castramos a ação.

Se a ação for inadequada, perigosa, abusiva, tem mais é que ser interrompida mesmo. Mas melhor seria se a criança fosse estimulada a encontrar soluções que não perturbassem os outros: "Não pode correr aqui, mas veja se descobre onde você pode correr sem perturbar ninguém". Assim reencaminhamos a energia, que estava sendo gasta na inadequação, para algo mais construtivo e útil. Ou seja, em vez de um filho travado, estamos fortalecendo o empreendedorismo dele – o que vai lhe ser muito útil como valor em seu trabalho.

> **Autoestima é o essencial alicerce para a vitória, o sucesso e a felicidade.**

Uma pessoa com boa autoestima encontra forças dentro de si para vencer uma tarefa, atingir um objetivo, buscando e investindo o melhor de si para a vitória. Esta mesma autoestima aceita muito bem o reconhecimento dos outros ao seu trabalho, convivendo bem com o sucesso. A felicidade é saber usufruir muito bem o que se tem, sem ficar sofrendo pelo que não se tem. É a boa autoestima que permite viver com esse sábio e feliz equilíbrio.

Capítulo 4

Três estilos de agir

Por incrível que possa parecer, as pessoas nem sempre adotam um comportamento humano em suas ações. Para facilitar a compreensão, reduzo os comportamentos a três estilos: vegetal, animal e humano.

Comportamento estilo vegetal

É utilizado por pessoas que agem como se fossem plantas: aguardam o mundo em volta movimentar-se para atendê-las. Fixada ao terreno, a planta espera que o solo lhe seja fértil, que haja chuva e luz suficiente para a fotossíntese. Até a reprodução depende de terceiros. São os polinizadores (insetos, aves e vento) que espalham suas sementes. Ela se limita a atraí-los e segue cumprindo seu determinismo genético.

> A planta possui a força quando o ambiente lhe for propício, e os humanos também podem dirigir essa força.

Os humanos vivem fisiologicamente essa etapa quando são recém-nascidos, estão em coma ou perdem a memória na fase senil. Caso não recebam cuidados, podem morrer, apesar de terem dentro de si, sempre, a força da sobrevivência.

Às vezes, porém, há pessoas com saúde corporal e adultas que funcionam como se fossem vegetais. Isso ocorre, sobretudo, quando deixam por conta do acaso algo que elas mesmas poderiam fazer, ou ficam esperando que as outras pessoas as façam.

A mãe, que permanece indiferente enquanto suas crianças se engalfinham, é um exemplo desse comportamento. Claro que ela reparou na briga, mas talvez pense: "Logo se cansam de brigar e continuarão brincando". O pai pode ser atacado pelo mesmo mal quando também nada faz. Observa tudo calado, pensando: "Quando crescerem, passa". Tais comportamentos dos pais equivalem a pensar que é o tempo que resolve o problema, e não eles.

Somente esperar em vez de agir é um comportamento estilo vegetal. E o ser humano se caracteriza por agir para mudar o que não está bom. Ficar apenas "filosofando" não resolve a questão nem supera os conflitos. É o filho que espera ser aprovado na escola sem estudar.

● ● ●

Imaginemos uma mulher às vésperas de uma data especial, como seu aniversário de nascimento ou de casamento. Ela mantém um silêncio estratégico. Não se manifesta, na esperança de que o marido, além de se lembrar da data, traga "aquele" presente que ela sempre desejou – mesmo que nunca lhe tenha dito qual é esse tão sonhado presente[10]. Achar que o companheiro deve se encarregar de tudo que lhe diz respeito é típico da mulher machista: Ela é a planta; ele, a natureza, que trabalha.

Um pai, por outro lado, assume o estilo vegetal quando, por se julgar suficientemente bom e trabalhador, uma figura de projeção social, acha que não precisa fazer mais nada pela educação dos filhos. Sua condição já lhe parece suficiente para que as crianças o respeitem, sigam seu exemplo, sejam obedientes, responsáveis e bem-criadas. Mas o fato é que o filho nem sempre aprende o que o pai deseja ou espera dele.

Ser um homem bom e trabalhador são apenas características de uma área da vida. Uma pessoa pode ser comparada à mão espalmada, que traz na palma a personalidade, e cada dedo, um papel seu. Quem tem somente um papel desenvolvido e nada mais desenvolveu é como se tivesse um dedo imenso e os outros atrofiados. Sobrevive-se com um único dedo, claro, mas a vida será tanto mais rica quanto mais todos os dedos estiverem desenvolvidos em relacionamentos saudáveis.

---

[10] Saiba mais sobre este tema lendo o trecho "Desencontro", do livro *Educação & Amor*, de Içami Tiba. São Paulo: Integrare, 2006 (N.E.).

Comportamento estilo animal

Trata-se de estilo já um pouco mais complexo que o do vegetal. Os animais têm movimento próprio e usam estratégias para saciar os instintos. Suas ações são repetitivas porque estão inscritas em seu determinismo genético. Todos os animais da mesma espécie têm comportamentos e recursos semelhantes, portanto sobrevivem guiados pelos mesmos instintos.

A natureza foi muito sábia ao gratificar com o prazer a saciedade dos instintos. Assim, cada vez que o animal é impulsionado pela necessidade de sobrevivência e de perpetuação da espécie, ele se movimenta atrás de comida ou em busca de parceiro. A necessidade traz um desconforto que motiva o animal a buscar a saciedade. Então, ele não só se livra do incômodo mas ainda sente prazer, o prazer da saciedade.

É gostoso comer quando se tem fome. O prazer vem do gosto da comida na boca e da garantia de sobrevivência. Sem se movimentar, o animal morreria de fome.

> O animal vive dentro do ciclo necessidade-saciedade e prazer-desprazer. Suas vontades são ditadas pelos instintos.

Os humanos adotam o comportamento estilo animal quando:

- não usam sua racionalidade;
- repetem sempre os mesmos erros;
- fazem só o que aprenderam e não criam novidades;
- suas vontades estão acima da adequação;
- agem impulsivamente, mesmo que depois se arrependam;
- agem conscientemente de forma egoísta;
- desrespeitam a ética relacional e as normas sociais;
- pirateiam e danificam o meio ambiente;
- usam a lei do mais forte.

Pais que exploram, negligenciam ou violentam os filhos estão manifestando seu comportamento estilo animal. Se a mãe ou o pai socorre o filho contra a merecida repreensão que pai ou mãe lhe fez, talvez esteja protegendo irracionalmente sua cria.

O pai ou a mãe assume um comportamento estilo animal quando, na expectativa de que o filho se modifique, insiste sempre na mesma bronca. Diante do garoto que não estuda, ele ou ela repete a advertência ou conselho, que invariavelmente começa com as fatídicas palavras: "Quando eu tinha a sua idade…". Nunca acrescenta ao discurso algo novo, capaz de mobilizar o adolescente. Diz sempre a mesma coisa e, por isso, obtém sempre o mesmo resultado.

• • •

A mãe, da sua parte, tem um comportamento animal quando se dispõe a arrumar o quarto do filho pela "milésima e última vez". Espera da criança que, ao vê-la arrumando, aprenda a arrumar. Sinto muito, mamãe, mas esse é um comportamento estilo animal! O que a criança aprende, a imagem que lhe fica, é tão somente a de sua mãe arrumando o quarto para ela… Quer dizer, a criança só aprende a arrumar o quarto arrumando!

A birra é o recurso que a criança usa para submeter a mãe à sua vontade. Se a mãe cede, alimenta este recurso estilo animal. Em birras, tanto a mãe que cede quanto a criança que insiste estão inadequadas.

Comportamento estilo humano

Este estilo busca a felicidade e para isso as pessoas que o adotam integram disciplina, gratidão, religiosidade, ética e cidadania com vistas a sua sobrevivência, perpetuação da espécie, preservação do meio ambiente, formação de grupos solidários e construção da civilização.

Dono do cérebro mais desenvolvido na escala animal, o ser humano tem inteligência e criatividade para superar conflitos, encontrar soluções novas para os problemas, sofisticar a saciedade dos instintos e transformar o meio ambiente em busca de melhor qualidade de vida.

O cérebro superior confere ao ser humano qualidades que nenhum outro animal possui: capacidade de abstração, raciocínio hipotético, manejo do tempo, armazenagem do alimento (não precisa correr atrás dele, dia após dia), sobrevivência nas diversas temperaturas (despe-se no calor e veste-se no frio). Graças a essas características, ele organiza o sentido de sobrevivência para atender seu lado animal.

> **Faz parte do instinto de perpetuação da espécie os pais cuidarem dos filhos, mas é a educação que os qualifica como seres humanos.**

Se tiveram uma infância sofrida, os pais não vão desejar que suas crianças passem as mesmas privações. Tentam dar-lhes o que não tiveram. O mérito de tais benefícios não cabe, portanto, aos filhos, que são apenas receptores passivos dessas compensações. Na infância, os pais sofridos comiam a asa e o pescoço da galinha enquanto seu grande e autoritário pai se fartava de peito e coxa. Pois agora esses pais dão peito e coxa aos filhos. E as crianças acham natural ter direito a peito e coxa, sem valorizar o gesto dos pais.

Num comportamento humano, o filho arruma o que pode e a mãe apenas observa. O que ele não conseguiu arrumar sozinho, a mãe arruma, mas junto com o filho, ensinando-o. O que importa é mostrar ao filho como cuidar de seus pertences e do ambiente em que vive, em nome de uma educação integrada. Crianças gostam de um elogio que mereçam – esse é o verdadeiro alimento da autoestima. Elogiar gratuitamente desvaloriza a pessoa.

Cuidado, mamãe! (E você também, papai!)

A mãe de um filho que não arruma seu quarto pode querer usar outra técnica: "Não vou mais ligar para o seu quarto. Vou fazer de conta que não enxergo suas bagunças". E o quarto continua uma baderna, pois o filho também não a enxerga. Se nada muda, essa técnica cairá num comportamento estilo animal.

É bastante comum a mãe não conseguir manter a nova postura por muito tempo. O seu "não ligar" dura até o dia em que não aguentará mais. Haverá uma festa na casa, é final de ano, véspera de viagem, volta das férias... Seja qual for a justificativa, ela se põe a arrumar o quarto furiosamente, como um raivoso animal.

O que o filho aprende com isso? Muita coisa. Aprende que, se tolerar a bagunça mais do que a mãe, um dia ela acaba arrumando o quarto para ele. Quem é que está sendo inteligente?

> **No comportamento humano, a mãe vai mudando de atitude até a criança sentir ela mesma necessidade de arrumar o quarto.**

E essa necessidade começa a surgir quando a criança não encontra mais nada do que quer no quarto, quando se vê privada de uma camiseta limpa, não acha o tênis, por exemplo. Não é porque o filhinho quer ir a uma festa importante que a mãe, às pressas, vai logo dar um jeito para ele sair em ordem. Esse é um jeitinho que deseduca. Nessa hora, mesmo vendo o filho desarrumado, a mãe deve se manter impassível e ainda comentar quanto ele está feio. Precisa resistir ao impulso de querer arrumá-lo todo. O filho deve sentir por si só, na pele, a importância e as vantagens de ter tudo em ordem.

Cuidado, papai! (E você também, mamãe!)

No que se refere aos estudos, o pai precisa buscar soluções mais eficazes do que simplesmente achar que, por frequentar uma boa escola, o filho estará aprendendo. Para a criança, talvez isso até seja verdade, mas não necessariamente para o adolescente. A aprendizagem depende do que ele quer aprender, se ele acha gostoso ter conhecimentos. Aprender é como comer[11]. Estudar e

---

[11] Saiba mais, lendo "Aprender é como comer", na obra *Ensinar Aprendendo:* Novos paradigmas na educação, de Içami Tiba. São Paulo: Integrare, 2007, p. 39 (N.E.).

comer não são caprichos, mas obrigações. A comida alimenta a saúde física, e o estudo alimenta a saúde social.

O ignorante sofre quando percebe que algum conhecimento lhe faz falta, mas não consegue aprender o que precisa aprender. Não é o caso dos adolescentes. Eles não sentem necessidade de saber o que não lhes interessa. Os adolescentes são interesseiros. Por isso, os pais devem explorar essa característica deles para "negociar" os estudos.

Uma das formas de não se afastar do comportamento estilo humano é ter sempre em mente a distinção entre o que é supérfluo e o que é vital. Aprender é vital. Comer é vital. Voltar tarde não é vital. Ter amigos é vital. Usar drogas não é, mesmo que "todos os amigos usem".

O pai e a mãe se perdem justamente nesse ponto. "Todos ganham um carro, por que meu filho não ganhará?", perguntam-se. E eu pergunto: será que ganhar um carro é realmente vital?

Até os animais fazem uma seleção natural entre o que é supérfluo e o que é vital. Quando comer é vital, a proteção pode se tornar supérflua. A melhor caça é a que está faminta: cai em qualquer isca.

> O vegetal sobrevive, o animal sacia seus instintos e o ser humano deseja ser feliz.

Capítulo 5

Ser feliz

A busca da felicidade, que inclui a liberdade, ética e responsabilidade, é uma característica exclusiva do ser humano. A felicidade é um bem-estar biopsicossocial, uma satisfação da alma.

Felicidade não se dá nem se vende. Para alcançá-la, cada ser humano precisa antes amadurecer. Os pais podem fornecer aos filhos a base para formar a felicidade, seja materialmente, oferecendo-lhes condições básicas de sobrevivência, seja psicologicamente, através da educação. Como são numerosos os níveis de felicidade, destaco a seguir os fundamentais.

Felicidade egoísta

A pessoa que desfruta esse tipo de felicidade busca somente atender às próprias necessidades e vontades, sem considerar o sofrimento alheio ou que se passa à sua volta. Procura um bem-estar primitivo, quase vegetal, pois leva em conta apenas a própria sobrevivência. Suga todos os nutrientes do solo, enquanto se espalha para pegar o máximo de luz, mesmo que com isso abafe outras plantas.

Um exemplo pode ser o do chefe de família que exige para si o melhor lugar da casa, a melhor comida. Fuma seu cigarro enquanto toma sua bebida preferida. Tudo deve ser do seu modo e gosto, independentemente do sufoco dos filhos, da mulher ou de quem quer que seja.

Uma criança muito pequena naturalmente busca esse tipo de felicidade, porque nessa fase de desenvolvimento o egocentrismo é natural. Aos poucos, à medida que vai descobrindo as demais pessoas, ela supera a necessidade de ser o centro do mundo e se interessa mais pelos outros.

Aos 8 meses, o bebê costuma estranhar pessoas que não pertencem ao seu cotidiano e pode até chorar. Muitas vezes essas pessoas insistem em pegá-lo no colo, ignorando a angústia da criança.

Quando alguém lhe sorri, o bebê sente bem-estar, porque percebe que despertou afeição: o sorriso lhe serve de reforço. Assim, se os pais desaprovarem alguma atitude sua, não devem sorrir enquanto lhe dizem um "não". Entre a proibição do "não" e o sorriso, o que pesa mais é a aprovação do sorriso. Mesmo sem sorriso, a aprovação pode estar num meigo tom de voz, num doce olhar... Portanto a criança está sendo estimulada a não atender o "não".

Uma criança que faz birra porque a mãe se nega a lhe comprar o vigésimo brinquedo numa manhã de passeio ao shopping seria um outro exemplo de felicidade egoísta. Sua vontade se transforma na necessidade de possuir o brinquedo mesmo que, para isso, precise atropelar a própria mãe.

Convém lembrar que a felicidade que se esvai após a posse de um brinquedo – e a criança faz birra para querer o brinquedo seguinte – não é felicidade, mas sim saciedade de um desejo. Saciar um desejo não é ainda a felicidade, muito maior que isso, sempre.

> **Quando um filho usa droga, também está buscando a felicidade egoísta.**

Só ele sente o efeito prazeroso da droga, sem se preocupar com os prejuízos que ela provoca nem com os sentimentos e as opiniões dos pais e das pessoas que o amam. Vale lembrar que logo essa felicidade egoísta se transforma em saciedade e o jovem entra no ciclo instintivo (animal) do sofrimento/saciedade.

Quando os pais "sofrem" de felicidade egoísta, estão educando os filhos a também ser egoístas. E no futuro serão atingidos pelo que ensinaram. Imaginemos esses pais senis, começando a necessitar de cuidados. Os filhos abrirão mão de sua felicidade egoísta para cuidar deles? É bem provável que os pais terminem num asilo!

Felicidade familiar

Nesse contexto, todo o interesse da pessoa volta-se para o bem-estar exclusivo da família. Pouco importa o que acontece com as outras famílias; a família está cercada de todos os recursos para garantir sua segurança. O patriarca protege a prole. Esta família se considera perfeita. Pai e mãe acreditam piamente nos filhos, como se eles nunca mentissem, e atacam ferozmente todos os que ousarem mexer com eles.

Fora de casa, os componentes desta família não têm pruridos em se aproveitar de posições vantajosas e explorar os funcionários, a comunidade e até mesmo a sociedade para trazer benefícios somente para a própria família. Por exemplo: esses pais facilmente se voltam contra a escola por advertências dadas a seus filhos. Não é natural que os pais se voltem contra a escola que adverte seu filho sem saber os reais motivos de eventual punição. O filho está sempre certo e quaisquer outros sempre estarão errados? Ou seja, tais famílias, agindo assim, educam suas crianças para a transgressão social – e reforçam suas delinquências[12].

> **Crianças precisam sentir que pertencem a uma família.**

Elas carregam esse amor dentro de si para onde forem, inclusive em seus primeiros passos na escola. A sensação de pertencer à família as defende de ser adotadas por traficantes, bandos de delinquentes ou fanáticos de qualquer espécie.

Aprovar tudo o que a criança faz ensina-lhe que quem a ama satisfaz todas as suas vontades. Mas a própria vida vai se encarregar de contrariá-la. E a escola oferece o primeiro passo para isso: o aluno fica sem os pais na sala de aula. Há que não querem aceitar esta regra da educação. Podem eles entender que a escola não os ama, por contrariá-los. Cabe aos pais demonstrar que estão de acordo com as regras da escola que escolheram e não reforçar o que pensam as crianças, querendo permanecer com eles. Esses pais dão, na verdade, o exemplo da transgressão quando poderiam mostrar as diferenças da vida entre o lar e a escola.

---

[12] Em pesquisa feita com 684 docentes da rede estadual, pelo Sindicato dos Professores do Ensino Oficial do Estado de São Paulo, Apeoesp, em dezembro de 2006, as violências mais comuns nas escolas públicas eram: 96% agressões verbais, 82% agressões físicas contra professores e 88,5% vandalismo contra a escola. Os agressores eram: 93,3% alunos e 25,2% pais ou responsáveis. Ou seja, nem os pais respeitam as escolas e seus professores.

Felicidade comunitária

Pessoas que sentem esse tipo de felicidade fazem questão de ajudar os outros integrantes de sua comunidade para torná-los mais felizes. Ultrapassam os limites da própria família, os interesses materiais e o individualismo.

Tais pessoas experimentam a sensação de bem-estar e prazer em pertencer a uma comunidade e participar dela como se fosse sua grande família. Não importa se a comunidade é o bairro, a cidade, a agremiação, a entidade, a instituição, a escola ou até mesmo o grupo religioso.

Podem ser pessoas que passaram pelas felicidades egoísta e familiar e depois amadureceram para a felicidade comunitária. Ou que, mesmo sem ter família, sentem grande satisfação em servir ao próximo.

Pertencer a uma comunidade, prestar serviços a ela, orgulhar-se dela, participar dos movimentos que ela propõe para ajudar os mais necessitados e ajudar a organizar festas comuns para todos se divertirem fazem um efeito multiplicador nos seus filhos.

Felicidade social

A felicidade social considera todos os seres humanos iguais, não importa a cor, etnia, raça, credo, religião, nível social, preparo cultural, poder econômico, cargo político, fama, origem, aspecto físico, capacitação ou habilidade.

A pessoa fica feliz em poder ajudar outro ser humano a ser feliz. Empenha-se em tornar este mundo melhor com pequenos gestos, desde o ato de deixar o banheiro limpo para o próximo usuário até grandes ações, como se mobilizar quando um semelhante ou um povo inteiro estiver sofrendo um revés em qualquer canto do planeta.

Como exemplo, podemos lembrar a famosa atriz norte-americana Angelina Jolie, ex-modelo e ex-usuária de drogas, que recebeu um Oscar e três Globos de Ouro e encabeça o segundo lugar na lista da filantropia promovida pela revista

Time, dedicada a gente "que transforma o mundo com seu poder, talento e exemplo moral". Mãe adotiva do cambojano Maddox, do vietnamita Pax e da etíope Sahara e mãe biológica de Shiloh, sua filha com o ator Brad Pitt, e de Vivienne e seu irmão gêmeo, Knox Léon, nascidos em Nice, na França, em 12 de julho de 2008, seis anos após o lançamento da primeira edição deste livro, ela foi nomeada Embaixadora da Boa Vontade pela ONU[13].

> **A felicidade social é a expressão máxima da saúde relacional, pois se eleva acima das felicidades anteriores.**

A pessoa que expressa felicidade social se regozija com a felicidade alheia, mas também sente na alma os sofrimentos dos homens. É um ser grato, solidário e sua ligação com o próximo transcende o tempo e o espaço, superando diferenças geográficas, ideológicas, políticas, sociais e religiosas.

Tolerância, solidariedade, compaixão, sabedoria, não-violência fazem parte da felicidade social. Grandes guias religiosos foram suas expressões máximas.

Se os pais começassem a ler para as crianças, desde a mais tenra infância, passagens interessantes e pitorescas dos grandes homens da humanidade e depois estimulassem um pequeno e simples debate sobre a vida deles, provavelmente elas seriam pessoas melhores para si mesmas, para a família, para a escola e futuramente para o mundo.

Não seria interessante a criança identificar o que ela fez de bom para qualquer pessoa? Incentivá-la a falar a verdade, sem exageros, e reforçar o que ela fez de positivo são medidas que não exigem tanto tempo e produzem grandes resultados: contribuem para a formação de uma boa autoestima.

Os filhos adoram saber que os pais gostam do que fazem. Se eles vivem naturalmente a felicidade social (fazer o bem, não importa a quem, e não fazer nada que possa prejudicar outras pessoas), seus filhos também a viverão.

---
[13] Fonte: *Veja*. Especial Mulher, nº 2010 (2007).

Capítulo 6

Gente gosta de gente

Diferente dos demais seres vivos, já nascemos predispostos a ter companheiros. Nossa condição ao nascer é de total dependência da mãe. Precisamos que ela (ou um substituto dela) nos dê os cuidados básicos, sem os quais não sobrevivemos. Não somos como os animais, que já nascem praticamente capazes de andar e de se alimentar. Nós nascemos já nos relacionando com nossos geradores e cuidadores. Nenhum ser humano é indiferente a outro ser humano. Ele pode se aproximar, agredir, fingir indiferença, afastar-se porque sempre percebe a presença do outro.

Os animais têm seus companheiros, à sua maneira primitiva. Os bandos são movidos pela ética da sobrevivência: tudo o que fazem tem a finalidade de defender a vida e garantir a perpetuação da espécie. Um animal ataca outro quando se sente ameaçado física ou territorialmente. O que vale é a lei do mais forte.

O macaco é o animal com o cérebro mais desenvolvido. Forma bandos migratórios que atacam territórios alheios para roubar, pensando na sobrevivência de sua espécie. Sob esse aspecto, ele se aproxima de seu parente célebre, o homem: povos mais fortes dominam os mais fracos. E brigam entre si em busca de mais poder do que necessitam para viver.

> **A força relacional é praticamente instintiva na espécie humana.**

O homem dotado de inteligência não precisaria destruir seu semelhante para sobreviver. Então por que o faz? Dentre as inúmeras causas, destaco o problema básico, ou seja, a falta de civilidade, de ambição e ética dos humanos.

Não adianta o ser humano ser simplesmente inteligente. Assim como a força física, a inteligência, que já nasce com ele, pode ser estimulada. O que comanda a inteligência e a força física é a mente humana. E esta pode ser usada tanto para o mal quanto para o bem, conforme a ética do indivíduo.

O grande traficante de drogas usa a inteligência para o mal. Os grandes políticos precisam ter inteligência relacional para conseguir ser eleitos pelo povo. Mas é a ética, com a sua ausência ou presença, que torna uns corruptos e outros não. Nem os neurologistas nem os psiconeurofisiologistas conseguiram ainda mapear exatamente a localização anatômica da ética, mas sabe-se que ela reside no cérebro superior. Ali fica a instância que exerce o poder de avaliar situações e orientar caminhos da saúde social.

Mas só a ética não explica o companheirismo do ser humano. O que faz uma pessoa gostar das outras é a *religiosidade*. Esse sentimento é a força-mestra da convivência social. A religião, que é a espiritualização da religiosidade, reúne pessoas com a mesma afinidade espiritual, estabelecendo rituais, regras, hierarquias, locais próprios e *modus operandi* para sua funcionalidade.

A expressão máxima da religião, o Deus de cada um, e a da religiosidade é o amor. Nem todos acreditam em Deus, mas ninguém vive sem amor.

> A arte de ser mãe e pai é educar os filhos para que se tornem afetivamente autônomos, financeiramente independentes e cidadãos éticos do mundo.

Quanto mais competentes educadores os pais forem, menos necessários se tornarão eles para os filhos, e o vínculo afetivo será mantido eternamente em nome da saudável integração relacional.

Infância: aprendendo com outros e com seus pares

Ainda bem que os bebês nascem totalmente dependentes dos pais e prontos para aprender. O que aconteceria se uma criança já nascesse falando ou com valores sociais definidos? Talvez não aceitasse o nome que para ela escolheram com tanto cuidado. Ou se expressasse numa língua incompreensível para os pais. Mas, não; assim como elas aprendem o idioma, absorvem também os costumes e os padrões de valores.

Não é porque o bebê não sabe o que é fumar ou o que é brigar que tais comportamentos podem ocorrer à frente dele. A criança é muito sensível aos efeitos da nicotina, que ela absorve passivamente. As brigas, por sua vez, transmitem emoções negativas que ficam registradas na memória vivencial, mesmo que o bebê ainda não esteja amadurecido neurologicamente para ter memória consciente. A criança aprende pelo relacionamento afetivo que outro ser humano estabelece com ela e também com o que presencia do relacionamento entre seus pais. Por isso, todo cuidado é pouco.

Se um recém-nascido não consegue estabelecer vínculos com um adulto, muito provavelmente não vai sobreviver. Renê Spitz, conhecido psicanalista e pesquisador da psicologia infantil, acompanhou e estudou bebês hospitalizados e manuseados por várias enfermeiras. Observou que eles entravam em depressão, não se alimentavam, perdiam peso e não se desenvolviam. Spitz chamou o quadro de "depressão anaclítica", que pode evoluir para o marasmo e chegar à morte.

Aprendendo com os pares

Atualmente as crianças vão para a escola com 2 anos ou menos de idade. Isto significa que têm colegas de atividades de idades muito aproximadas, umas aprendendo com as outras. Há crianças que aprendem vendo o comportamento dos seus coleguinhas, longe da vista dos adultos, e levam essas novidades para casa. Geralmente são comportamentos negativos que nem os pais nem os professores lhes ensinaram. Tais comportamentos reaparecerão na família com irmãozinhos, priminhos etc.

Os pais precisam estar atentos e impor limites, explicando as razões dessas limitações. Caso persistam nesse comportamento, é importante que se leve ao conhecimento dos responsáveis pela classe, escolinha, clubes etc. O silêncio – ou a não tomada de atitude dos pais – significa autorizar as crianças a adotarem tais inadequações.

> **Crianças precisam brincar com crianças.**

Este é um alerta necessário, num momento em que o número de filhos diminuiu bastante em relação ao das gerações anteriores, e há muitos milhares de filhos únicos no Brasil: apesar de as crianças se divertirem muito com os adultos, a convivência somente com os pais, por mais preparados que sejam, não é a ideal, pois não oferece referências sobre as crianças mesmas. É através do convívio com outras que elas se veem, trocam olhares e se identificam, formando uma autoimagem de si mesmas.

As crianças adoram comerciais de televisão, até mais que desenhos animados infantis, principalmente se houver crianças em cena. Movimentos, vozes, lugares, músicas, coloridos alegres e bonitos, feitos para agradar ao telespectador e lhe vender tudo, prendem sua atenção.

Os desenhos e os bichinhos de pelúcia com forma, olhares, expressões faciais e movimentos de gente fazem sucesso com as crianças porque desde cedo elas gostam de gente.

Crianças maiores costumam brincar no corpo a corpo, até mesmo brincar de brigar. Estão se avaliando, formando padrões comparativos com outros do mesmo tamanho. É bastante comum uma das crianças exagerar na força e a outra, ao sentir-se atingida, reagir: "Ah, é? É para valer? Agora você vai ver!", e partir para a agressão. O limite entre a brincadeira e a briga foi rompido.

Puberdade: buscando a identidade sexual

Assim como as frutas amadurecem, o cérebro das crianças amadurece e provoca o aparecimento da puberdade. A inundação dos hormônios sexuais, resultantes do amadurecimento sexual, provoca o terremoto corporal causando uma mudança no físico e nas emoções de um filho, o que tumultua a família. É a época da convulsão familiar.

O feminino e o masculino diferenciam-se bastante nessa etapa, cada qual com um comportamento característico, fortemente ditado pelos padrões pela associação: hormônios/cultura/família. A garota passa a dar extrema importância às colegas e às amigas, formando grupos e subgrupos que ora se unem como amigas eternas, ora se afastam como inimigas mortais. A família vai para segundo plano.

A religiosidade é exercitada vigorosamente, em sua máxima carga. Os aniversários são supercomemorados com t-o-d-a-s as amigas (amigas, amigas das amigas, colegas, conhecidas etc.), menos com aquela chatérrima que até ontem era a melhor amiga.

Como passarinhos alvoroçados e cantantes no fim de uma tarde de verão, elas voam de repente para outra árvore e tudo continua. Porém, um passarinho no chão está doente ou ciscando. Do mesmo modo, uma garota solitária não está bem, e mudar de turma é comum.

O rapaz embarca no sentido oposto. Esse é o período mais antissocial de sua vida. Isola-se e torna-se irritadiço, respondão, mal-humorado. Não divide suas preocupações, não pede nem oferece ajuda. Grandes transformações corporais e psicológicas ocupam tanto o púbere masculino que ele fica sem energia para investir nos relacionamentos sociais.

Tudo isso causa a maior estranheza na família. Se os pais descuidam, até seus aniversários passam em branco. É muito difícil estabelecer um relacionamento aberto, alegre e falante com o garoto, bem ao contrário do que se passa com a garota. Parece até que ele está brigado com o mundo[14]. A dependência o constrange. Quer fazer o que deseja, sem contudo estar capacitado.

---

[14] Para saber mais, leia "Eu já tenho 13 anos", no livro *Educação & Amor*, de Içami Tiba. São Paulo: Integrare, 2006, p. 33 (N.E.).

> Os púberes gostam de demonstrar uma autossuficiência que ainda não possuem.

A força dos hormônios faz o garoto gostar de garotas, mas ele não se abre e, com receio de ser rejeitado, não as procura. Para complicar, sua testosterona não o deixa levar desaforo para casa. Briga por qualquer motivo e jamais pede desculpas. Até mesmo quando alguém, na rua, fala mal de sua mãe: a mesma mulher que em casa ele não tolera.

Adolescência: procurando a identidade social[15]

A adolescência pode ser comparada à etapa em que as árvores frutíferas dão flores. Estas geralmente ficam na parte mais alta da planta, bem expostas ao sol. Supercoloridas e perfumadas, elas chamam a atenção de todos os polinizadores (agentes sexuais como abelhas e outros insetos, aves etc.). Os adolescentes são ao mesmo tempo flores e polinizadores.

• • •

Jovens gostam de se mostrar, de ver e de ser vistos pelos seus pares. Adoram ir a lugares onde nem conseguem entrar... Competem entre si todo o tempo, comparam-se a todo instante, têm comportamentos, roupas e adornos alvoroçados. Formam turmas para tudo: esportes, saídas noturnas, estudos, viagens etc. A ligação com seus semelhantes – no caso outros adolescentes – é muito mais importante (e sazonal) do que a mantida com os pais (mais duradoura). Sofrem de embriaguez relacional, um estado de alteração psíquica capaz de influir tanto em seu quadro de valores que eles fazem coisas que sozinhos, ou na presença dos pais, não fariam. Tal embriaguez não é provocada por agentes químicos, como o álcool, mas pela força do relacionamento estabelecido entre os jovens.

---

[15] Estudos mais aprofundados sobre o tema encontram-se em livro específico, *Adolescentes:* Quem Ama, Educa!, de Içami Tiba. São Paulo: Integrare, 2007 (N.E.).

A religiosidade entra em ebulição na adolescência, pois adquire a força das paixões, a fidelidade absoluta aos amigos, o fanatismo das torcidas, a adrenalina dos desafios, o prazer da aventura, a intensidade da paixão que faz perder a cabeça... É a energia gregária na sua máxima vibração.

Se, por um lado, o adolescente mostra a educação recebida na infância, por outro dá tanta importância à turma que se veste, fala e age como os membros do grupo. Quanto mais influenciado estiver pela turma, menos mostrará o que aprendeu em casa. É a chamada "educação pelos pares", quando pratica atos que não aprendeu com seus próprios pais.

Maturidade: educando os pequenos

Às flores seguem-se as frutas. E tal evolução equivale, nos homens, ao ser humano maduro, produtivo, que trabalha, que assume compromissos responsáveis com outras pessoas, que pode ter filhos, e tem autonomia comportamental e independência financeira.

É o ciclo da vida: nascer, crescer e amadurecer (adolescer), tornar-se adulto, relacionar-se com compromissos responsáveis (sociedades, grupos operativos, casamentos etc.), ter filhos, envelhecer e morrer. (Portanto é natural que não envelheça antes de os filhos amadurecerem – para poder educá-los – nem morra antes dos filhos.)

> **A religiosidade se perpetua no casal com o nascimento dos filhos.**

Marido e mulher podem até separar-se, mas, se tiveram filhos, serão ambos sempre mãe ou pai, nunca ex-mãe ou ex-pai. Há, porém, alguns ex-cônjuges que se comportam como ex-pais de seus filhos; mesmo que esses homens atinjam a maturidade profissional com grande sucesso, isso não significa que tenham atingido a maturidade familiar: podem ser "globalizados", mas estão longe de ser integrados.

Há pais que podem ser bons pais de crianças, mas maus pais de adolescentes, por não terem as suas funções amadurecidas. Há maus pais de crianças que se revelam ótimos pais de adolescentes. Excelentes pais de crianças têm maior chance de ser ótimos pais de adolescentes. Péssimos pais de crianças dificilmente serão excelentes pais de adolescentes.

Há outras pessoas que preferem não se casar e dedicam a força de sua religiosidade à comunidade, à sociedade. Seus filhos são suas obras – seu legado à humanidade.

Senescência: adolescência na velhice

Com o aumento da longevidade nos últimos 50 anos, fica mais evidente a senescência, movimentada etapa anterior à velhice, assim como a adolescência precedeu a maturidade. Adolescer significa crescer e "senescer" (verbo ainda não registrado nos nossos dicionários), que significa entrar em processo de envelhecimento.

Muitos dos senescentes se encontram em plena maturidade, com alta capacidade produtiva, aposentados ou não. Ainda têm energia vital, dinheiro suficiente e bons conhecimentos, com filhos já crescidos. Ficam com tempo disponível para se dedicar ao que sempre quiseram fazer e nem sempre puderam: viajar, aprender línguas e outros ofícios, escrever, curtir a vida com os netos sem a responsabilidade de pais, e outros passatempos. A sociedade os chamou de "terceira idade", mas a maioria dessas pessoas prefere ser chamada como "melhor idade".

> **Os senescentes querem aproveitar o tempo e os estertores da saúde, pois a velhice lhes bate à porta. Mas hoje muitos continuam sustentando filhos e netos.**

Quanto ao processo educativo, os avós senescentes vivem grandes conflitos, porque ainda têm saúde, não se sentem velhos e querem participar da educação dos netos. A intenção é muito mais viver o prazer relacional, de modo a preencher o entardecer da vida com a matinal alegria e a ingenuidade infantil dos netos.

Essa geração de senescentes começou a trabalhar cedo, nos anos do milagre econômico brasileiro ou imediatamente antes dele (nas décadas de 1960 e 1970), e continua trabalhando em época em que o desemprego e o subemprego atingem seus filhos. O velho ditado "uma vez pais sempre pais" parece perfeito para os senescentes, pois muitos de seus filhos trintões estão vivendo de carona na vida deles. Essa é a "geração carona". Também por isso, muitos senescentes permanecem economicamente ativos, mesmo com idade para se aposentar.

Velhice: crepúsculo da vida

É triste ser velho em nossa cultura. Fica-se mais exposto à solidão, que não é natural no ser humano. E há um enfraquecimento generalizado do corpo e da energia vital. O que alivia o sofrimento é a sensação de ainda ser útil e, em especial, ser amado e acolhido por seus descendentes. Portanto, outra vez, a força relacional suaviza as dores de uma etapa da vida. Seus filhos já estão maduros e seus netos estão graúdos, todos em condições de ajudá-lo.

> **Velhos já não interferem tanto na educação das crianças e dos jovens.**

Os velhos recebem cuidados dos filhos maduros, e netos adolescentes ou adultos vão visitá-los para lhes levar o entusiasmo e as novidades juvenis. Quando lúcidos, os velhos são mais contadores de casos, de lembranças, de como tudo era no tempo de sua juventude, transmitindo aos netos experiência de vida, tradição familiar e social – atividades essas que os pais não têm tempo de partilhar com os filhos.

Religiosidade ou religião?

Talvez você esteja se perguntando: religiosidade não é a mesma coisa que religião? Não exatamente. A religião é a espiritualização da religiosidade. Seus dogmas, credos e práticas foram sistematizados por seres humanos elevados que captaram a importância dos ritos para concretizar a espiritualização.

Diante da saúde social, todas as religiões são iguais, e seus valores particulares e guias espirituais devem ser respeitados. Mas a saúde social não aceita preconceitos e conflitos, sejam eles bélicos, sejam religiosos. Não admite que uns matem os outros em nome de seus deuses. Para a saúde social, todos os humanos são irmãos de espécie e têm que respeitar-se e ser respeitados, preservar e melhorar seu ecossistema e o planeta Terra.

> **A expressão máxima da religião é o respectivo de Deus de cada uma delas. A expressão máxima da religiosidade é o amor, que transcende a religião. A máxima expressão de amor é o de mãe, porque não acaba nunca.**

• • •

Atendi certa vez um casal com três filhos pequenos. Ele era judeu, e ela, católica convertida ao judaísmo para o casamento. Quando decidiram separar-se, a mãe abriu mão da conversão e voltou a ser católica. Passou a rejeitar a Estrela de Davi (que representava o ex-marido). O pai manteve sua posição de não aceitar o crucifixo (que representava a ex-mulher).

Os filhos transformaram-se no prêmio do vencedor dessa "guerra santa" entre a mãe e o pai. E as diferenças entre judeus e católicos passaram a ser usadas como argumentos para alimentar o conflito.

A princípio, a religiosidade desse casal, isto é, o amor existente entre eles, suplantou a questão religiosa. Por religiosidade, a mulher aceitou a religião do marido. Quando, com o fim do amor conjugal, cada um se fortaleceu em sua religião original, esta passou a ser utilizada como arma para atingir o ex-cônjuge.

Mais que gregário, social

Animais que andam em bandos em geral são gregários. Apesar de estarem juntos, cada um se protege, sozinho e como pode, contra o predador, baseado em seu instinto de sobrevivência. O bando tem seu líder, que é o macho alfa. Ele defende sua(s) fêmea(s) e respectivas crias. Seu reinado é mantido à força, até surgir outro macho que o desafie e o derrote. É a lei do mais forte.

Nos grandes centros urbanos, os cidadãos ocasionalmente agem como se estivessem em bando: cada um por si, em situações de risco. Num assalto à mão armada, por exemplo, quem observa muitas vezes nem se mexe – para não ser a próxima vítima. A vítima e o observador se sujeitam à lei do mais forte, e o revólver confere a quem o empunha a condição de predador invencível.

> **A civilização é solidária.**

Se um irmão da mesma espécie se torna predador (um criminoso), é preciso que os outros se organizem para atendê-lo em suas necessidades básicas. Temos de nos defender dos predadores sociais atacando os focos que favorecem e alimentam sua formação. Não adianta apenas dar comida a quem tem fome. É preciso preparar o faminto para que consiga comida por conta própria.

Mas, como ele não pode deixar de comer enquanto se capacita, devemos nos envolver num trabalho social de recuperação desses predadores não lhes oferecendo somente condições de sobrevivência, mas educação. Educar significa alimentar o corpo enquanto é preparada a alma.

O trágico momento de um assalto pode ser usado para educar os filhos. É natural ficar com raiva do assaltante. Com a testosterona no cérebro, vem a vontade de dar nele uns bons socos. E, se estivéssemos armados, quem sabe até não atiraríamos? É educativo que a mãe e o pai expressem seus sentimentos sobre a violência sofrida, e que cada qual expresse o que pensa e sente a respeito enquanto os filhos se mostrarem interessados no tema.

É muito ruim ser assaltado. Mas, por pior que seja, um homem civilizado não pode fazer justiça com as próprias mãos, e isso devemos ensinar aos filhos. O cidadão, um ser social e civilizado, deve usar recursos sociais para lutar contra assaltos. No lugar de reagir impulsivamente para se defender e infringir assim a lei do mais forte, ele tem de utilizar os instrumentos que a sociedade lhe oferece. Não pode fazer justiça com suas próprias mãos. Isso cabe ao poder judiciário, através das leis. Podemos transmitir às crianças o sentimento de solidariedade e a prática da cidadania. E devemos tomar os devidos cuidados para não nos expor ao perigo. Não se pode paralisar a vida por medo de assalto, mas também não devemos nos expor desnecessariamente. E, por fim, é preciso participar de movimentos que ajudem os excluídos a recuperar a dignidade de ser humano.

Bibliografia

Beni, Rosana. *Crianças índigo*: uma visão espiritualista. Osasco: Novo Século, 2007.

Bernhoeft, Renato. *Cartas a um jovem herdeiro:* O que é importante para ter sucesso profissional. Rio de Janeiro: Alegro, 2004.

Estivill, E. & Béjar, S. de. *Nana, nenê:* Como resolver o problema da insônia do seu filho. São Paulo: Martins Fontes, 2003.

Friedman, Thomas F. *O mundo é plano.* Rio de Janeiro: Objetiva, 2006.

Fonseca, Priscila M. P. C. da. "Síndrome de alienação parental". In: *Revista Brasileira de direito da Família*, v. 8, n. 40, fev/mar, 2007. Porto Alegre: Síntese.

Gardner, Howard. *Inteligências múltiplas:* A teoria na prática. Porto Alegre: Artes Médicas, 1995.

Kanner, Leo. *Child psychiatry.* New York: C. Thomas Publisher, 1960.

Marins, Luiz. *Homo habilis:* Você como empreendedor. São Paulo: Gente, 2005.

Maushart, Susan. (trad.: Dinah de Abreu Azevedo). *A máscara da maternidade*: Por que fingimos que ser mãe não muda nada? São Paulo: Melhoramentos, 2006.

McElroy, Susan Chernak. *Animals as teachers & healers:* True stories and reflection. New York: Ballantine Publishing, 1997.

Movsessian, Shushann. *Puberdade:* Só para garotas. São Paulo: Integrare, 2007.

Mussak, Eugênio. *Metacompetência:* Uma nova visão do trabalho e realização pessoal. São Paulo: Gente, 2003.

Palermo, Roberta. *100% Madrasta:* Quebrando as barreiras do preconceito. São Paulo: Integrare, 2007.

Restak, Richard. M. D. *The new brain:* How the modern age is rewiring your mind. Emmaus: Rodale, 2003.

Savater, Fernanda. *Ética para meu filho.* São Paulo: Martins Fontes, 1993.

Silva, Ana Beatriz B. *Mentes Inquietas.* Rio de Janeiro: Napades, 2003.

Souza, César. *Você é o líder da sua vida.* Rio de Janeiro: Sextante, 2007.

Tiba, Içami. *Adolescentes:* Quem ama, educa! São Paulo: Integrare, 2007.

_____. *Disciplina*: Limite na medida certa – Novos paradigmas. São Paulo: Integrare, 2006.

_____. *Educação & amor.* São Paulo: Integrare, 2006.

_____. *Ensinar aprendendo:* Novos paradigmas na educação. São Paulo: Integrare, 2006.

_____. *Juventude & drogas:* Anjos caídos. São Paulo: Integrare, 2007.

_____. *Seja feliz, meu filho!* São Paulo: Integrare, 2007.

Glossário remissivo

- Atendimento integral 36
  Quando os filhos fazem seus pit stops, seus pais param o que estão fazendo para escutar realmente o que os filhos dizem e enxergar as reais circunstâncias; é pensar no que os filhos teriam competência para fazer através da cidadania e da ética, estimulando que façam o melhor que conseguirem.

- *Checklist* mental 41
  É uma espécie de lista de perguntas que uma pessoa (mais mãe do que pai) faz para, através das respostas, concluir o que se passou com uma outra pessoa (o filho). Como quando a mãe quer saber se um filho cabulou as aulas ou se usou drogas, sem perguntar clara e abertamente.

- Cidadania Familiar 36, 48, 49
  Princípio educativo familiar segundo o qual não se pode fazer em casa o que não se pode fazer na sociedade e há de se começar a praticar em casa o que terá de ser feito na sociedade.

- Educação pelos pares 79
  Quando uma criança ou adolescente se deixa contaminar pelo comportamento de um amigo ou colega e pratica atos que não aprendeu com os próprios pais.

- Embriaguez relacional 78
  Fenômeno comportamental sem uso de drogas em que um adolescente, quando na presença de outro(s), faz algo que se estivesse sozinho não faria. Atos de vandalismo, crime organizado, farras, bebedeiras etc.

- Folgado 44
  É a pessoa que deixa tudo, mesmo suas obrigações, para outros fazerem. Embaixo de um folgado tem sempre um ou mais sufocados.

- Geração carona 81
  Filhos adultos-jovens já prontos para o trabalho que, em vez de buscarem sua autonomia financeira, ficam morando com os pais como se fossem adolescentes.

- Macho alfa 23, 56
  Equivalente ao pai alfa. Por ser o mais forte, passa a ser o chefe do grupo de animais; mantém a ordem com gritos e garras, come a melhor parte da caça, escolhe a melhor fêmea, tem seu território demarcado. É o pai típico de duas gerações anteriores à contemporânea (1950), que tinha paciência curta, voz grossa e mão pesada para impor aos seus filhos uma ordem que tinha que ser obedecida.

- Parafusos de geleia 55
  Filhos inconsequentes, que largam tudo diante de qualquer pressão; tolerantes, que não aguentam apertões naturais da vida e acabam se acomodando apenas com o que têm.

- Religiosidade 64, 74, 77, 79, 80, 82, 83
  Sentimento quase instintivo de gente gostar de gente. Precede a religião que foi criada pelo homem.

- *Working-mother* 24, 25, 30, 33, 48
  Mãe que trabalha fora para ajudar no sustento da casa. Geralmente se sente culpada por não acompanhar o crescimento dos filhos.

Sobre Natércia Tiba

Natércia Tiba é psicóloga clínica pela PUC-SP, psicodramatista pelo Instituto JL Moreno e psicoterapeuta de famílias pelo Núcleo de Estudo e Práticas Sistêmicas: Sistemas Humanos.

Tem especialização em "Trabalho de grupo com gestantes" com Vitória Pamplona; realiza atendimentos psicoterápicos de crianças, adolescentes e famílias em consultório particular e dedica parte de seu tempo ao trabalho social atendendo também pessoas de baixa renda. É membro do IAGP – *International Association of Group Psychotherapy* e da ATPF – *Associação Paulista de Terapia Familiar*. Realiza palestras sobre relacionamento de pais e filhos, participa de programas de televisão, revistas, jornais e sites e é colaboradora de diversos livros na área de psicologia infantil e familiar:

- Prefaciadora do livro *O Manual de instruções que deveria vir com seu filho*, de Daniel G. Amen, São Paulo: Mercuryo, 2005;
- Colaboradora no livro *Belíssima aos 40, 50, 60, 70...*, de Carla Góes Sallet, São Paulo: Conex, 2005;
- Ampliação, atualização e revisão do livro *Seja Feliz, Meu Filho!*, de Içami Tiba, São Paulo: Integrare, 2006;

- Colunista da seção de Psicologia na *Revista da gestante* – de fevereiro a novembro de 2005;
- Colaboradora na coluna de Psicologia no site www.gravidaebela.com.br;
- Colaboradora no *Baby Guide* – do Planejamento ao Nascimento.
- Autora do livro *Mulher sem Script*, São Paulo: Integrare, 2012.

Sobre Içami Tiba

Filiação: Yuki Tiba e Kikue Tiba.
Nascimento: 15 de março de 1941, em Tapiraí, SP.
Morte: 2 de agosto de 2015, em São Paulo.

1968. Formação: médico pela Faculdade de Medicina da USP.
1970. Especialização: psiquiatra pelo Hospital das Clínicas da FMUSP.
1970-2007. Psicoterapeuta de adolescentes e consultor de famílias em clínica particular.
1971-77. Psiquiatra-assistente no Departamento de Neuropsiquiatria do Hospital das Clínicas da FMUSP.
1975. Especialização em Psicodrama pela Sociedade de Psicodrama de São Paulo.
1977. Graduação: professor-supervisor de Psicodrama de Adolescentes pela Federação Brasileira de Psicodrama.
1977-78. Presidente da Federação Brasileira de Psicodrama.
1977-92. Professor de Psicodrama de Adolescentes no Instituto Sedes Sapientiae (Pontifícia Universidade Católica), em São Paulo.
1978. Presidente do I Congresso Brasileiro de Psicodrama.

1987-89. Colunista da TV Record no programa *A mulher dá o recado*.

1989-90. Colunista da TV Bandeirantes no programa *Dia a dia*.

1991-94. Coordenador do Grupo de Prevenção às Drogas do Colégio Bandeirantes.

1995-2007. Membro da equipe técnica da Associação Parceria Contra as Drogas (APCD).

1997-2006. Membro eleito do *Board of Directors* da International Association of Group Psychotherapy.

2000. Apresentador do programa semanal *Caminhos da educação*, na Rede Vida de Televisão.

2001-02. Radialista, com o programa semanal *Papo aberto com Tiba* na Rádio FM Mundial (95,7 MHz).

2003-07. Conselheiro do Instituto Nacional de Capacitação e Educação para o Trabalho "Via de Acesso".

2005-07. Apresentador e Psiquiatra do programa semanal "Quem Ama, Educa", na Rede Vida de Televisão.

- Professor de diversos cursos e *workshops* no Brasil e no exterior.

- Frequentes participações em programas de televisão e rádio.

- Inúmeras entrevistas à imprensa escrita e falada, leiga e especializada.

- Mais de **3.300 palestras** proferidas para empresas nacionais e multinacionais, escolas, associações, condomínios, instituições etc., no Brasil e no exterior.

- Mais de **76.000 atendimentos psicoterápicos** a adolescentes e suas famílias, em clínica particular.

- Criou a Teoria Integração Relacional, na qual se baseiam suas palestras, livros e vídeos.

- Tem 22 livros publicados. Ao todo, seus livros já venderam mais de **2.000.000 de exemplares.**
1. *Sexo e adolescência.* 10 ed. São Paulo: Ática, 1985.
2. *Puberdade e adolescência*: Desenvolvimento biopsicossocial. 6 ed. São Paulo: Ágora, 1986.
3. *Saiba mais sobre maconha e jovens.* 6 ed. São Paulo: Ágora, 1989.
4. *123 respostas sobre drogas.* 3 ed. São Paulo: Scipione, 1994.
5. *Adolescência*: o despertar do sexo. São Paulo: Gente, 1994.
6. *Seja feliz, meu filho.* 21 ed. São Paulo: Gente, 1995.
7. *Abaixo a irritação*: Como desarmar esta bomba-relógio no relacionamento familiar. 20 ed. São Paulo: Gente, 1995.
8. *Disciplina:* Limite na medida certa. 72 ed. São Paulo: Gente, 1996.
9. *O(a) executivo(a) & sua família*: O sucesso dos pais não garante a felicidade dos filhos. 8 ed. São Paulo: Gente, 1998.
10. *Amor, felicidade & cia.* 7 ed. São Paulo: Gente, 1998.
11. *Ensinar aprendendo*: Como Superar os Desafios do Relacionamento professor-aluno em tempos de globalização. 24 ed. São Paulo: Gente, 1998.
12. *Anjos Caídos*: Como prevenir e eliminar as drogas na vida do adolescente. 31 ed. São Paulo: Gente, 1999.
13. *Obrigado, minha esposa.* 2 ed. São Paulo: Gente, 2001.
14. *Quem ama, educa!* 157 ed. São Paulo: Gente, 2002.
15. *Homem cobra, mulher polvo.* 21 ed. São Paulo: Gente, 2004.
16. *Adolescentes:* Quem ama, educa! 25 ed. São Paulo: Integrare, 2005.
17. *Disciplina:* Limite na medida certa – Novos paradigmas. São Paulo: Integrare, 2006.
18. *Ensinar aprendendo*: Novos paradigmas na educação. São Paulo: Integrare, 2006.
19. *Seja feliz, meu filho.* Edição revista e ampliada por Natércia Tiba. São Paulo: Integrare, 2006.
20. *Educação & amor.* Coletânea de textos de Içami Tiba. São Paulo: Integrare, 2006.

21 *Juventude e Drogas:* Anjos caídos. São Paulo: Integrare, 2007.
22 *Quem Ama, Educa!* Formando cidadãos éticos. São Paulo: Integrare, 2007.

- Tem 4 livros adotados pelo Promed do FNDE (Fundo Nacional e Escolar de Desenvolvimento), Governo do Estado de S. Paulo – Programa de Melhoria e Expansão do Ensino Médio:

- *Quem ama, educa!.*

- *Disciplina:* limite na medida certa.

- *Seja feliz, meu filho.*

- *Ensinar aprendendo*: Como superar os desafios do relacionamento professor-aluno em tempos de globalização.

- O livro *Quem ama, educa!*, com mais de **560.000 exemplares** vendidos, foi o *best-seller* de 2003 segundo a revista *Veja*. Também é editado em Portugal (Editora Pergaminho), Espanha (Editora Obelisco) e Itália (Editora Italia Nuova).

- Tem 12 vídeos educativos produzidos em 2001 em parceria com Loyola Multimídia, cujas vendas atingem mais de **13.000 cópias**: **1** Adolescência. **2** Sexualidade na Adolescência. **3** Drogas. **4** Amizade. **5** Violência. **6** Educação na Infância. **7** Relação Pais e Filhos. **8** Disciplina e Educação. **9** Ensinar e Aprender. **10** Rebeldia e Onipotência Juvenil. **11** Escolha Profissional e Capacitação para a Vida. **12** Integração e Alfabetização Relacional.

- Em pesquisa feita em março de 2004 pelo Ibope, a pedido do Conselho Federal de Psicologia, Içami Tiba foi o 3º profissional mais admirado e tido como referência pelos psicólogos brasileiros, sendo Freud o primeiro, e Gustav Jung o segundo. A seguir, vêm Rogers, M. Klein, Winnicott e outros. (Publicada pelo *Psi Jornal de Psicologia*, CRP SP, número 141, jul./set. 2004.)